Depresión

La noche más oscura

Depresión
La noche más oscura

Una mirada científica

JESÚS RAMÍREZ-BERMÚDEZ

DEBATE

Depresión. La noche más oscura
Una mirada científica

Primera edición: mayo, 2020
Primera reimpresión: noviembre, 2020

D. R. © 2020, Jesús Ramírez-Bermúdez

D. R. © 2020, derechos de edición mundiales en lengua castellana:
Penguin Random House Grupo Editorial, S. A. de C. V.
Blvd. Miguel de Cervantes Saavedra núm. 301, 1er piso,
colonia Granada, alcaldía Miguel Hidalgo, C. P. 11520,
Ciudad de México

www.megustaleer.mx

ISBN: 978-607-319-139-5

Impreso en México – *Printed in Mexico*

El papel utilizado para la impresión de este libro ha sido fabricado a partir de madera
procedente de bosques y plantaciones gestionadas con los más altos estándares ambientales,
garantizando una explotación de los recursos sostenible con el medio ambiente y beneficiosa para las personas.

Penguin
Random House
Grupo Editorial

Índice

La depresión mayor: ¿un problema biológico o social? 11
La enfermedad de la bilis negra 15
Liberar a los enfermos de sus cadenas........................... 19
La depresión aparece en los diccionarios 23
Los estados depresivos: Kraepelin y Freud...................... 27
¿Qué es la depresión mayor?................................... 33
En busca del origen: ¿los genes o el ambiente?................ 41
Entre la privación y la amenaza 45
Los efectos de la privación social en animales................ 49
Los efectos de la privación social en seres humanos 51
La pérdida de la madre en el desarrollo de la depresión mayor... 53
La pérdida del padre y la separación familiar en el desarrollo
    de la depresión mayor...................................... 57
El estrés de separación en modelos animales 59
Los efectos cerebrales de la pobreza.......................... 65
Los efectos de la amenaza social............................. 69
La respuesta corporal al estrés: identificando la amenaza 73
Los depredadores del mundo contemporáneo.................... 79
Los depredadores del mundo privado.......................... 83
Actividad cerebral en víctimas de violencia de pareja.......... 87
Abuso sexual y depresión mayor 89
Maltrato infantil y depresión mayor........................... 93

Los efectos cerebrales del maltrato 97

Resistencia a las pérdidas: un puente hacia la resiliencia 103

Vulnerabilidad frente a las pérdidas: un puente hacia
    la genética de la conducta 109

¿La depresión mayor como deficiencia de serotonina? 113

Las interacciones entre la genética y el estrés 117

No hay salud sin salud mental: una historia epidemiológica 125

No hay salud sin salud mental: una historia encubierta 127

No hay salud sin salud mental: historias del cerebro
    emocional 131

Depresión mayor y suicidio 135

Algo sobre la progresión de los estados depresivos 143

Algo sobre el nacimiento de la psicoterapia 147

Algo sobre la ciencia del efecto placebo 155

Algo sobre la eficacia de la psicoterapia 161

Algo sobre la neurociencia de la psicoterapia 169

Algo sobre la invención de los medicamentos antidepresivos 173

Algo sobre el diseño de los medicamentos antidepresivos 179

Algo sobre la neurociencia de los medicamentos
    antidepresivos 183

Doce lecciones sobre la ciencia de la depresión mayor 189

Referencias 195

¿De dónde viene ese sol negro? ¿De cuál galaxia insensata sus rayos invisibles y pesados me clavan al suelo, a la cama, al mutismo, a la renuncia?

JULIA KRISTEVA

La depresión mayor: ¿un problema biológico o social?*

Al empezar el siglo XXI, el término "depresión mayor" se usa en forma global para hablar sobre una condición de salud, un estado clínico en el cual hay una profunda tristeza y otras emociones intensas, como el miedo y la ira, así como alteraciones del sueño, el apetito, la motivación, la sensación de energía y la capacidad para disfrutar la vida cotidiana. Los estados depresivos suelen ser dolorosos en el plano emocional y físico: los sentimientos de culpa, vergüenza y minusvalía se mezclan con malestares en todo el cuerpo. Aunque algunas personas dicen que basta con tomar la decisión de ser feliz, la realidad clínica conocida por los pacientes, sus familiares, los médicos y terapeutas es que los sentimientos depresivos no desaparecen por decreto, suelen prolongarse más allá de lo tolerable, y ocasionan un gran sufrimiento. Hay patrones de pensamiento recurrentes dominados por el pesimismo y la negatividad, y una tendencia exacerbada a pensar en el suicidio. ¿Cuál es la relación entre ese cuadro clínico y los grandes problemas sociales que observamos en la imagen panorámica global? La pobreza, las migraciones masivas, la violencia social, la misoginia

* Las referencias bibliográficas se encuentran al final del libro y cada una tiene un número definido, el cual podrá repetirse varias veces a lo largo del texto, según las veces que se refiera a la obra citada, y encontrarse en una posición distinta a un orden numérico.

y la xenofobia, ¿en qué medida se asocian con la génesis de los estados depresivos? ¿Hasta qué punto la depresión mayor se debe a causas biológicas: anormalidades de la transmisión química cerebral y de la actividad de redes neurales? ¿Hay que buscar las causas de esta condición en una interacción entre factores sociales y biológicos?

Según la medicina psiquiátrica, si el estado depresivo no tiene una resolución espontánea, si se prolonga a lo largo de varias semanas y ocasiona discapacidad en los ambientes vitales del individuo, debe tratarse como una entidad patológica. La prescripción incluye la terapia psicológica, los medicamentos antidepresivos, la estimulación magnética transcraneal y, en casos graves, otros tratamientos biológicos, como la terapia electroconvulsiva. Los cambios en el estilo de vida, y de manera particular, el ejercicio, también son parte central de esa prescripción. Pero ¿cuál es la evidencia para sustentar esa visión médica? Existen grupos de activistas, profesionales del campo de los derechos humanos y pensadores de diferentes disciplinas humanísticas y sociales (incluyendo algunos médicos, psicólogos y psicoanalistas) que consideran que esta visión médica es errónea porque conceptualiza a la experiencia emocional como patológica. Se dice entonces que medicalizar la vida cotidiana conduce a la deshumanización y a la comercialización del sufrimiento, que en última instancia es generado por las condiciones sociales y las experiencias traumáticas. En este libro no pretendo descalificar alguna de las dos perspectivas: la visión médica o la visión según la cual la depresión no es una enfermedad, sino una forma de discapacidad psicosocial. Creo que las dos miradas tienen ventajas y me gustaría quedarme con eso.

Quiero presentar las evidencias científicas que muestran la profundidad de los problemas biológicos observados en personas con depresión, que no están desligados de las circunstancias sociales adversas: por el contrario, el estrés social es quizá el factor más importante en la formación de los estados depresivos, pero esto no sucede más allá del cuerpo humano, sino en un individuo que tiene cuerpo, emociones, pensamientos. Las ciencias médicas nos muestran que el estrés social interactúa con el sistema nervioso, el sistema inmunológico, y con el concierto hormonal de nuestro organismo. Al estudiar la depresión, no tiene mucho sentido pensar que el problema está en el cuerpo con su ambiente químico, o en el entorno social y la mente humana. Al parecer, todas esas dimensiones de nuestra vida se alteran en los estados depresivos. Por otra parte, quienes se oponen a la visión médica de la depresión tienen razón al criticar que los médicos y otros profesionales de la salud, con frecuencia, atienden a las personas como si fueran cosas, organismos enfermos, objetos. Es indispensable ayudar a la persona que busca asistencia a recuperar su dignidad, y esto empieza con el trabajo de escucharla, sin prisa, con atención, con una actitud terapéutica que reúna la empatía y la racionalidad. Lo que quiero mostrar en este libro es lo que sabemos el día de hoy acerca de la depresión mayor como uno de los grandes problemas contemporáneos. Con un poco de suerte, podré mostrar que la depresión no requiere una mirada biomédica o psicosocial, sino ambos enfoques, por el bien de la persona que sufre.

Al mirar el amplio panorama de la civilización, aparece la pregunta: ¿la depresión mayor siempre ha existido? ¿O se trata de un mal específico de nuestros tiempos? En los medios de comunicación, en los ambientes científicos y en la cultura popular escuchamos que "la depresión es el mal de nuestros tiempos" o que "la depresión es la principal causa de discapacidad en el mundo".[1] ¿Siempre ha sido así o se trata de un fenómeno nuevo? ¿Se trata de un invento de la industria farmacéutica o de una enfermedad real? ¿Cuál es la validez científica del concepto?

Una primera forma de aproximarnos a todos esos problemas consiste en plantear la siguiente pregunta: ¿cuándo apareció el término "depresión mayor" en el lenguaje médico? ¿El término proviene de la cultura popular y se incorporó a la medicina de manera subsecuente? ¿O es el resultado de observaciones científicas en el campo de la psicología y la psiquiatría? Para contestar las preguntas es necesario reconocer lo siguiente: antes de que la palabra "depresión" fuera usada en un sentido clínico, había otro concepto, cuya historia es indispensable para entender a la depresión mayor. Me refiero a "la enfermedad de la bilis negra": la melancolía. La transición entre esos dos términos ha durado más de 150 años.

13

La enfermedad de la bilis negra

La historia de la melancolía se remonta a la antigüedad griega. Hasta donde sabemos, Hipócrates fue el primero en registrar esa palabra, cuya etimología nos permite evocar el significado que los médicos griegos daban a la palabra: *melas*, "negro", y *colé*, "bilis".[2] Según la escuela hipocrática, esta entidad clínica la causaba un exceso de bilis negra, dentro de la famosa teoría de los humores.

La melancolía se menciona unas 50 veces en el *Corpus hippocraticum*,[3] un conjunto de tratados escritos, quizá, por muchos autores. Algunos parecen obras directas de Hipócrates, el médico de la Isla de Kos, por ejemplo, *Sobre las heridas de la cabeza* y *Sobre la enfermedad sagrada*, dos volúmenes fundacionales en el estudio clínico del sistema nervioso. ¿Qué dice el *Corpus* acerca de la melancolía? "Si el temor o la tristeza duran mucho tiempo, tal estado es melancólico."[4] En ese contexto, el autor pone el ejemplo de una paciente que sufría "falta de apetito, desaliento, insomnio, accesos de ira, malestar".[3] En algún momento del *Corpus hippocraticum* se dice de las personas melancólicas que "su estado de espíritu se perturba; algunos de ellos también enloquecen".[3]

Una historia célebre de Hipócrates se refiere a su encuentro con el filósofo materialista, Demócrito. Es imposible asegurar la veracidad de la historia, ya que el médico de Kos fue objeto de incontables leyendas. Demócrito era considerado un loco, porque reía a la menor provocación; se pidió al médico que lo evaluara para saber si la risa tenía un significado clínico, pero Hipócrates lo declaró un hombre sano, alegre, y no aceptó el pago habitual por la consulta: admiraba al filósofo como a un maestro. Demócrito fue recordado por la tradición como "el filósofo que ríe", y así lo representó el gran pintor Peter Paul Rubens, en 1636. El mismo año, Rubens retrató también al "filósofo que llora", Heráclito, quien ha pasado a la tradición como un pensador aquejado por la melancolía. Pero vivió en el siglo anterior a Hipócrates, de manera que no hay alguna fuente confiable para corroborarlo. Esta polaridad de actitudes y afectos entró también a la tradición literaria durante el Siglo de Oro español, en las palabras de Lope de Vega: "Heráclito, con versos tristes, llora; Demócrito, con risa, desengaña".

La anécdota del médico de Kos y "el filósofo que ríe" nos plantea que los clínicos no deben caer en la tentación de reducir la diversidad del comportamiento humano a los parámetros de la patología. Realizar un diagnóstico médico es siempre una tarea de gran responsabilidad, y esto es aún más delicado en el caso de los diagnósticos psiquiátricos.

En los albores de la era cristiana, Galeno usó la teoría de los humores para crear una tipología psicológica: según él, las personas pueden clasificarse como melancólicas, flemáticas, sanguíneas y coléricas, de acuerdo con el predominio respectivo de bilis negra, flema, sangre o bilis amarilla.[5] Es fascinante reconocer que esta tipología todavía goza de cierta resonancia dentro de la cultura popular, aunque nunca ha tenido validez científica. La idea de una "enfermedad de la bilis negra" sobrevivió en Europa a lo largo de toda la Edad Media, aunque Paracelso, en el Renacimiento, descartó la teoría de los cuatro humores. Pero los conceptos hipocráticos sobrevivieron, como puede observarse en una obra clásica del siglo XVII: la *Anatomía de la melancolía*, de Robert Burton,[6] donde la clínica de la melancolía se caracteriza por la presencia de temor, tristeza y delirio sin fiebre. Ese libro y las obras médicas de los siglos XVIII y XIX muestran que el concepto de la melancolía se usaba para nombrar estados clínicos muy distintos a los que hoy se designan con el término "depresión mayor."[7] Quizá la mejor oportunidad para comprobar esto aparece durante la lectura del clásico indiscutible que funda la psiquiatría moderna.

Liberar a los enfermos de sus cadenas

Tuve la oportunidad de visitar el hospital de Salpêtrière en París, y un detalle capturó mi atención. En la entrada, junto al río Sena, se encuentra la estatua de un célebre alienista, Philippe Pinel. Al tratarse de un hospital general, pensé encontrar la representación de un cardiólogo, un internista o cirujano sin par. Pero el honor corresponde al padre europeo de la psiquiatría. ¿Quién fue ese individuo capaz de inspirar a una comunidad tan exigente como el gremio médico francés?

Pinel estudió medicina y matemáticas, trabajó como escritor científico y editor médico, y era aficionado a la botánica. Un amigo suyo padeció un estado melancólico, luego un cuadro de manía y al final se suicidó. Pinel dedicó entonces su carrera profesional a las personas recluidas en asilos. Sus simpatías hacia la Revolución francesa lo llevaron a ocupar un cargo como médico en el hospital de Bicêtre, donde había un número importante de pacientes psiquiátricos. Un trabajador del hospital, que había sido un paciente debido a un problema infeccioso, llevaba a cabo en aquel momento una revolución en el tratamiento de los enfermos. Jean-Baptiste Pussin, uno de los fundadores de la enfermería psiquiátrica, empezó la práctica de quitar las cadenas a los pacientes. Los asilos europeos aún tenían estándares medievales en el manejo de los enfermos. La idea del maniaco agresivo, del loco peligroso, estaba muy arraigada en la cultura y en las instituciones. Los pacientes eran contenidos literalmente mediante cadenas para evitar estados de agitación y conducta agresiva. Pinel creía en el conocimiento empírico como fundamento necesario para alcanzar una ciencia médica, y observó que los resultados de esa práctica libertaria eran alentadores, a pesar de los prejuicios y temores de la época. Apoyó a Pussin y más tarde extendió la práctica al hospital de Salpêtrière.[8]

Además de contribuir de forma decisiva a liberar a los enfermos de sus cadenas, Pinel dejó atrás prácticas como las sangrías y las purgas. Desarrolló una forma de tratamiento que se ha llamado "terapia moral", precursora de la psicoterapia, ya que se basaba en aumentar la interacción con los enfermos mediante la escucha, el intercambio verbal, la compasión. Los resultados fueron drásticos: las cadenas, purgas y sangrías quedaron desterradas del ambiente hospitalario.

En 1809, tras revisar a más de mil enfermos, en su mayoría mujeres, Pinel publicó su *Tratado médico-filosófico de la alienación mental*.[8] El término "depresión" no aparece en el texto, pero en el primer apartado del libro, titulado "Las verdaderas causas de la alienación mental", hay un capítulo dedicado a "la constitución melancólica" como causa común de las "desviaciones más extremas" y los "pensamientos más exagerados". El autor plantea que la constitución melancólica es un factor de riesgo común para el desarrollo de alteraciones mentales, aunque no da una definición clara de este tipo de constitución: más bien señala rasgos como la devoción demasiado exaltada, los escrúpulos llevados a un exceso destructivo, el terror religioso, la tendencia irresistible a la pereza, el orgullo exagerado con un celo excesivo hacia las prácticas religiosas, la piedad gentil y afectuosa aunada a una imaginación intensa, la piedad exaltada, el fanatismo y la "debilidad de la mente".

El *Tratado médico-filosófico de la alienación mental* de Pinel incluye un capítulo acerca de "la melancolía o el delirio selectivo". Al definir el concepto clínico, Pinel plantea que a veces los pacientes melancólicos "están dominados por una sola idea a la cual regresan de manera inevitable, y que parece consumir todas sus facultades. En ocasiones, permanecen encerrados en silencio total durante años, sin compartir el secreto de sus pensamientos".[8] Algunos pacientes, dice Pinel, no dan indicios de su padecimiento y parecen haber recuperado por completo el buen juicio, hasta que alguna circunstancia inesperada revela el delirio oculto. Pinel narra el siguiente ejemplo: "Un superintendente vino un día al hospital de Bicêtre para dar de alta a los pacientes que se consideraban curados. Le hizo varias preguntas a un paciente que había sido viticultor, quien no dio signos de incoherencia o incongruencia en sus respuestas. Se elaboró un certificado legal confirmando su condición de salud, y como es habitual, el documento se le entregó al paciente para que lo firmara. Es posible imaginar la sorpresa del magistrado cuando vio que el paciente había firmado usando el nombre de Cristo".[8]

Pinel insiste en que los delirios, es decir, las ideas falsas, incorregibles y profundamente arraigadas en la mente de los pacientes melancólicos no son inofensivas o humorísticas. Esto lo ejemplifica con otra viñeta clínica: "Un viejo monje devoto había perdido la razón. Pensó que una noche, en un sueño, había visto a la Virgen María, rodeada de un coro de ángeles benditos, y que había recibido el mandato explícito de matar a un hombre incrédulo. Este hecho homicida habría sido cometido de no haber sido evitado por el confinamiento hospitalario".[8]

La depresión aparece en los diccionarios

A lo largo del siglo XIX la melancolía fue un diagnóstico empleado para describir personas con graves alteraciones del juicio: delirios que giraban en torno a un tema fijo, recalcitrante. Según Pinel, estos delirios pueden tomar temáticas grandiosas, basadas en "una inflación del orgullo". Por ejemplo, narra la historia "de un jurista, consternado al verse privado de su único y muy querido hijo, quien dio paso a un profundo dolor, perdió la razón, y poco después pensó que se había transformado en el rey de Córcega".[8] Casos semejantes llevan a Pinel a preguntarse "si la melancolía puede degenerar, tras unos años, en insania maniaca". Esto anticipa las observaciones de Falret acerca de una "locura circular", y los estudios longitudinales de Kraepelin que, un siglo después, le permitirán postular la existencia de una "locura maniaco-depresiva". Sin embargo, en el texto de Pinel, la melancolía no se conceptualiza como un trastorno de las emociones o la vida sentimental. La tristeza forma parte de algunas descripciones de Pinel, pero él no enfatiza ese estado emocional como necesario para diagnosticar la melancolía. Una visión similar puede encontrarse en los textos pioneros de la psiquiatría inglesa. John Haslam, en 1809, exponía el concepto de melancolía refiriéndose a este trastorno como el resultado de una fijación particularmente intensa en una idea o en un conjunto de ideas que aparecen de manera recurrente en la mente del enfermo. El concepto de la melancolía como delirio selectivo tuvo una gran influencia a lo largo del siglo XIX, y es una de las razones por las cuales se dio la transición hacia el término "depresión": se requería una palabra nueva para enfatizar el aspecto emocional, la dimensión afectiva del cuadro clínico, porque esto no era el componente central de la melancolía.[7]

El principal alumno de Pinel, Jean Étienne Dominique Esquirol, pensó que hacía falta un nuevo término para nombrar los trastornos emocionales, es decir: para enfatizar el papel central de la tristeza y otros sentimientos como la culpa, la desesperanza, la vergüenza y la angustia, en el cuadro clínico de algunos pacientes. Creó el término "lipemanía" con este fin, y lo definió como "un trastorno del cerebro caracterizado por delirios, el cual es crónico y está fijado en temas específicos, no se acompaña de fiebre, se caracteriza por tristeza y suele ser debilitante y sobrecogedor".[7] Este concepto, al enfatizar el valor diagnóstico de las emociones, se acerca de nuestra definición contemporánea de la depresión.

Según Esquirol, la lipemanía era más común entre los 25 y los 45 años de edad, y en 110 de 482 casos la herencia desempeñaba un papel importante. Entre los factores implicados en la génesis del trastorno, Esquirol identificó los problemas domésticos, el duelo y las relaciones interpersonales conflictivas.[7] Esto nos acerca una vez más a la epidemiología contemporánea de la depresión mayor. Sin embargo, el término "lipemanía" no sobrevivió más allá del siglo XIX. En 1856 el doctor Delasiauve escribió que el significado de la lipemanía era demasiado impreciso, y que debía hacerse más estrecho, para incluir solamente casos en los cuales había una persistencia exagerada de los *sentimientos de depresión*.[7] Las cursivas son mías, y las uso para marcar uno de los momentos más tempranos en los cuales aparece un uso técnico de la palabra "depresión". El término se empezó a usar a la mitad del siglo XVIII, bajo la fórmula "depresión mental". Quizás el éxito se debió a que sugería una explicación "fisiológica" del problema,[9] pues se hablaba de "depresión" en la medicina cardiovascular. Hoy en día, en los hospitales todavía hablamos de la "depresión respiratoria" para referirnos a una deficiencia profunda de los movimientos ventilatorios, por ejemplo, en el estado de coma. En 1860 la depresión apareció en los diccionarios médicos[9] y sustituyó a la lipemanía de Esquirol, y aun a la melancolía clásica.

Los estados depresivos:
Kraepelin y Freud

Una de las referencias científicas indispensables para entender la transición de la melancolía a la depresión mayor, dentro del lenguaje psiquiátrico, es el *Tratado de psiquiatría* de Emil Kraepelin, en el capítulo "La locura maniaco-depresiva". Ahí habla de los "estados maniacos", los "estados depresivos" y los "estados mixtos", donde hay síntomas de manía y depresión.[10]

Según Kraepelin, los "estados depresivos" son episodios que tarde o temprano evolucionan a lo que llamó "locura maniaco-depresiva".[10] En su *Tratado de psiquiatría*, Kraepelin distingue seis tipos de "estados depresivos": la melancolía *simplex*, el estupor, la melancolía *gravis*, y las formas delirantes, fantásticas y confusionales de la melancolía.[10] Así describe a los pacientes con estados depresivos: "Algunas veces, el ánimo está dominado por una profunda sensación de desesperanza; otras veces, se trata de una angustia y un desasosiego difícil de definir. El corazón le oprime; nada despierta su interés de forma duradera. Le vienen a la mente pensamientos siniestros, y tanto su pasado como su futuro se le aparecen bajo una luz igualmente lúgubre".[10]

Kraepelin observó que, además de los síntomas emocionales, hay profundas dificultades intelectuales en los estados depresivos. El paciente "es incapaz de concentrarse, siente que sus pensamientos están paralizados y no avanzan. No es capaz de entender nada, no puede seguir el argumento de un libro, ni el hilo de una conversación; ha perdido la memoria…"[10] "Todo le fatiga: la compañía, la música, los viajes, el trabajo. En todas partes sólo ve aspectos negativos y dificultades; las personas de su alrededor no son tan buenas y desinteresadas como pensaba; se lleva una desilusión tras otra. La vida no tiene sentido; está de sobra en el mundo, no se aguanta; piensa en quitarse la vida sin saber muy bien por qué. Teme volverse loco o quedarse paralítico; se acerca su fin."[10]

Si el doctor Kraepelin escribía esas observaciones en Múnich, Alemania, unos cuantos años después el célebre doctor Sigmund Freud publicaría un escrito de gran valor clínico: *Duelo y melancolía*.[11] Aunque el psicoanálisis de Freud no es una disciplina científica en algún sentido estricto, la descripción del médico de Viena sintetiza una tradición neuropsiquiátrica europea, con su bien conocido talento literario. Freud nos dice que en la melancolía hay una pérdida del interés por el mundo exterior, de la capacidad de amar y trabajar. Pero se detiene a analizar un síntoma que le permite diferenciar a la melancolía del duelo habitual que sucede a la pérdida de un ser querido. En la melancolía, el enfermo se describe "como indigno, estéril y moralmente despreciable; se hace reproches, se denigra y espera repulsión y castigo. Se humilla ante todos los demás y conmisera a cada uno de sus familiares por tener lazos con una persona tan indigna". Al igual que Kraepelin, el doctor Freud destacó que la autoevaluación de las personas depresivas incurre en distorsiones cognitivas severas. El paciente "no juzga que le ha sobrevenido una alteración, sino que extiende su autocrítica al pasado; asevera que nunca fue mejor". Y aunque no hace una mención explícita de esas formas delirantes que Kraepelin reunió en la figura de una *melancolía gravis*, el padre del psicoanálisis describe estados depresivos severos cuando dice que: "El cuadro de este delirio de insignificancia —predominantemente moral— se completa con el insomnio, la repulsa del alimento y un desfallecimiento, en extremo asombroso psicológicamente, de la pulsión que compele a todos los seres vivos a aferrarse a la vida".

Ésas son las palabras de los autores más célebres de la psicopatología contemporánea. Si analizamos sus textos, podríamos hacer una lista provisional de criterios con los cuales evaluar los estados depresivos, incluyendo:

1) Síntomas emocionales como los sentimientos de desesperanza, angustia y desasosiego, la pérdida del interés por el mundo exterior, el sentimiento de desilusión frente a las personas que lo rodean, los sentimientos de pérdida del sentido de vida, de futilidad y de minusvalía que pueden alcanzar un grado delirante, el miedo a perder la razón o a la discapacidad, sentimientos de no ser digno, pérdida del deseo de vivir.

2) Síntomas cognitivos y patrones de pensamiento depresivos, como los pensamientos siniestros, el discurso lúgubre al evaluar el pasado y el futuro, la incapacidad para concentrarse, la dificultad para pensar en forma fluida, para comprender textos, las deficiencias de la memoria, el pesimismo, pensamientos suicidas, autorreproches, expectativas de castigo.

3) Actitudes interpersonales de autohumillación y conmiseración.

4) Síntomas corporales como la fatiga frente a las responsabilidades y frente a los estímulos gratificantes, insomnio, pérdida del apetito y rechazo de los alimentos.

Este ejercicio no tiene otro propósito más que mostrar que, en el terreno del reconocimiento clínico de la depresión, las ideas del padre del psicoanálisis, Sigmund Freud, y las de Kraepelin, considerado por muchos uno de los fundadores de la psiquiatría biológica, tienen más puntos de acuerdo que incompatibilidades. Las diferencias más significativas se presentan más bien al discutir las explicaciones potenciales de los estados depresivos. En segundo lugar, he querido mostrar que los textos clásicos escritos durante el siglo XIX y a principios del siglo XX pueden usarse para desarrollar listas de síntomas, criterios para el diagnóstico, instrumentos para medir qué tan grave es un cuadro clínico, tal como lo hace la psiquiatría contemporánea. Esto nos permite pasar a la manera como se contesta el día de hoy la pregunta: ¿qué es la depresión mayor?

En los últimos siglos se ha formado una visión clínica y científica de la depresión mayor que combina los conocimientos de muchas disciplinas: la medicina, la psicología, la epidemiología, y más recientemente, las neurociencias. Aunque nuestros conceptos seguramente serán superados por la ciencia futura, los conocimientos actuales nos dan ahora mismo explicaciones de gran interés para la curiosidad intelectual, a la vez que ya generan intervenciones efectivas (aunque no son panaceas), basadas en evidencia sólida. Pero estas intervenciones no siempre se llevan a la práctica. Entre otras razones, esto sucede como resultado de la falta de una cultura científica, o por la falta de voluntad política de gobiernos incapaces de reconocer el problema.

Los científicos que estudian la depresión mayor provienen de muchos campos. Algunos son genetistas, ya que hay evidencias de una influencia hereditaria. Otros son biólogos moleculares y farmacólogos, porque los medicamentos antidepresivos han tenido un auge desde la segunda mitad del siglo xx, y actúan sobre moléculas como la serotonina y la noradrenalina. Hay neurocientíficos involucrados en el estudio de la depresión mayor, quienes usan herramientas como los modelos animales (desde Darwin sabemos que hay muchas semejanzas entre los seres humanos y otros mamíferos). Otros usan registros electrofisiológicos (que nos permiten medir la actividad eléctrica del sistema nervioso, incluso con precisión microscópica) o imágenes cerebrales (que nos ofrecen medidas directas de la estructura y la función cerebral).

En su mayor parte, los investigadores son psiquiatras y psicólogos clínicos o experimentales, ya que el aspecto mejor conocido de la depresión es un conjunto de estados mentales y comportamientos. Estas conductas pueden afectar la salud física y poner en riesgo la vida.

Los epidemiólogos, que estudian grandes poblaciones de personas en su comunidad o en los centros de atención médica, participan en el esclarecimiento científico de este problema. Y tampoco debemos olvidar a los investigadores sociales, quienes abordan causas y efectos de la depresión que sólo pueden comprenderse cuando se usa un enfoque histórico, económico o cultural (por ejemplo, problemas como la discriminación de género, raza, clase social, o la marginación de las minorías).

¿UN INVENTO DE LA INDUSTRIA FARMACÉUTICA?

Cada día aparecen nuevos datos, nuevas ideas, preguntas renovadas y controversias estimulantes para entender la depresión mayor. Algunos pensadores afirman que la depresión ni siquiera existe, sino que se trata de un invento de la industria farmacéutica, fabricado como consecuencia de la avaricia capitalista.[12] Otros críticos han dicho que se trata de "una ficción pseudocientífica" que sería útil a los gobiernos y a los grupos de poder, para perfeccionar la dominación política sobre las masas humanas, a través de hospitales psiquiátricos y centros de reclusión médica.[13] Esos pensadores críticos afirman que no hay ningún "descubrimiento científico de la depresión mayor", sino más bien la invención de una ficción médica. Aunque incurren en excesos anticientíficos, tales críticas tienen valor porque confrontan al investigador y lo ponen frente a nuevos retos y ante la obligación de actuar con el máximo rigor en la adquisición de datos, en el análisis matemático de la información, y en la interpretación lógica de los resultados, a la vez que se cuidan los principios éticos y legales de quienes participan en toda investigación.

Algunos filósofos de la medicina, más cercanos al pensamiento científico, consideran que la depresión mayor es solamente un concepto médico provisional, que de ninguna manera es definitivo, y que se irá transformando a medida que tengamos mejores conocimientos acerca de los pacientes, sus síntomas, las causas de su sufrimiento, los mecanismos fisiológicos involucrados, y los factores sociales que inciden en el origen de esta sombría condición. Lo que no debe ponerse en duda es que eso a lo que llamamos "depresión mayor" se usa, con mayor o menor acierto, para designar un conjunto de estados de profundo sufrimiento, que pueden llevar a una persona a suicidarse, y que reducen en forma dramática la capacidad del individuo (y de su familia) para llevar una vida llena de sentido. El concepto de la depresión mayor es perfectible desde cualquier punto de vista, pero los estados de sufrimiento son completamente reales.

¿Qué es la depresión mayor?

Se pueden dar muchas respuestas a esa pregunta, pero el consenso es formulado por médicos psiquiatras, psicólogos clínicos, psicobiólogos, neurocientíficos, al amparo de universidades, centros de investigación, asociaciones académicas como la influyente Asociación Americana de Psiquiatría, que publica su *Manual de diagnóstico*,[14] colegios, sistemas de publicaciones científicas, incluso organizaciones trasnacionales, como la Organización Mundial de la Salud, que emite su Clasificación Internacional de las Enfermedades.[15] Voy a exponer algunos de los puntos centrales del concepto contemporáneo de la depresión:

1) La depresión mayor se considera un "trastorno mental", por lo cual en los ambientes médicos se le suele llamar "trastorno depresivo mayor".[14,15]

2) Como todo "trastorno mental", se considera que se trata de una entidad clínica bien diferenciada, es decir, un patrón observable de signos y síntomas con una "historia natural" bien definida, es decir, una evolución clínica esclarecida mediante largos y numerosos estudios de seguimiento.

3) ¿La depresión mayor es una enfermedad? No hay una respuesta universal a esa pregunta. En primer lugar, esto se debe (aunque parezca increíble) a que no hay un criterio universal para definir lo que es una enfermedad.[16] No obstante, los

33

criterios más estrictos para definir una enfermedad implican varios puntos que no se cumplen en el caso de la depresión: por ejemplo, no se ha aislado perfectamente un agente etiológico, es decir, una causa necesaria y suficiente, como sucede en el caso de las enfermedades infecciosas. Si pensamos en la sífilis, la bacteria *treponema pallidum* es necesaria para que se produzca la enfermedad. En el caso de la depresión mayor, todo parece indicar que se trata de un problema multifactorial, una combinación de factores genéticos y ambientales, con la contribución adicional de factores biológicos que no son forzosamente genéticos. Esto complica las cosas porque realmente no sabemos si estamos ante una sola entidad patológica o ante muchas enfermedades que se parecen entre sí.

4) Otro problema para decir que la depresión es una enfermedad es que no se ha identificado una lesión celular que se presente en todos los casos, y que sirva para hacer un diagnóstico mediante técnicas de histopatología, como sucede, por ejemplo, en la enfermedad de Alzheimer, en la cual podemos asegurar que todos los casos se caracterizan de manera indispensable por la muerte de neuronas localizadas en estructuras cerebrales como el hipocampo o la corteza parietal. También se puede asegurar que en la enfermedad de Alzheimer hay hallazgos microscópicos como las marañas neurofibrilares y las placas neuríticas.[17] Sin estos datos de anatomopatología, que se verifican mediante la observación al microscopio, no se puede hacer un diagnóstico definitivo de la enfermedad de Alzheimer. En el caso de la depresión mayor, no hay algo equivalente: aunque se han demostrado muchas anormalidades biológicas en la mayoría de los casos, no hay un hallazgo definitivo a partir del cual se realice el diagnóstico de certeza de la depresión: solamente tenemos signos y síntomas. Muchos clínicos piensan que solamente se trata de un síndrome, es decir, un patrón de signos y síntomas que pueden deberse a causas muy diversas.

5) Por todo lo anterior, las academias y organizaciones especializadas no usan oficialmente el término "enfermedad depresiva", sino el término más prudente "trastorno depresivo mayor", que implica lo siguiente: el concepto cumple muchos de los requisitos para hablar de una enfermedad, pero no todos.[14,15]

6) Cuando se dice que estamos frente a un "trastorno mental" nos referimos forzosamente a que no se trata de cualquiera de los "problemas de la vida diaria", como las dificultades económicas o los sentimientos de tristeza y rabia que pueden acompañar a una ruptura amorosa. Aunque los duelos y la inequidad económica pueden ser factores de riesgo para la depresión mayor, el término "trastorno mental" implica que hay un sufrimiento intenso y prolongado que no cede con los remedios cotidianos, y una grave disfunción social, es decir, una incapacidad del individuo para ejercer las actividades habituales en sus ambientes interpersonales, en el trabajo, en la escuela, en las relaciones amorosas, familiares, y en las actividades recreativas. Toda la vida del paciente se altera de manera significativa como resultado del "trastorno depresivo mayor".[14]

7) Al igual que otros trastornos mentales, la depresión mayor por sí misma significa un grave riesgo para la salud física: el descuido provocado por la depresión, los problemas de sueño y alimentación, aumentan el riesgo de muchas condiciones de salud física, como algunos problemas cardiovasculares o neurodegenerativos, o empeoran el pronóstico de enfermedades como el cáncer, la diabetes mellitus o las infecciones crónicas.[18]

8) Otra razón para aceptar que la depresión mayor es una grave condición de salud, es que modifica significativamente la expectativa de vida, ya sea por las enfermedades físicas asociadas, o porque es el principal factor de riesgo para el suicidio.[18] En muchos países el suicidio es una de las principales causas de muerte, y en algunos, como Japón, Estados Unidos o Francia, las tasas de suicidio son mucho más altas que las

del homicidio.[19] En el caso de la depresión, el riesgo de conducta suicida se considera 2.9 veces superior al de las personas sin problemas de salud mental en los países desarrollados, y 3.2 en los países en vías de desarrollo.[20]

9) La Asociación Psiquiátrica Americana y la Organización Mundial de la Salud tienen criterios de diagnóstico que son totalmente compatibles unos con otros. Aunque hay algunas críticas especializadas y relevantes a estos criterios, se usan en todo el mundo para tener un punto de partida universal en estudios de diagnóstico, tratamiento, pronóstico, y en la investigación de las causas y los mecanismos cerebrales. En buena medida, los criterios diagnósticos de esas organizaciones también regulan la práctica clínica mundial dentro de los confines científicos. En la tabla 1 hago un resumen de algunos de los síntomas que se mencionan en esos dos sistemas de diagnóstico.[14,15] Como se puede ver, la equivalencia entre uno y otro es casi completa.

10) Los especialistas reciben entrenamiento para hacer el diagnóstico con base en estos criterios diagnósticos. También hay muchos investigadores que creen que esto se puede hacer mediante programas computarizados. Por ejemplo, se habla de la "huella digital" que los pacientes con depresión dejan en las redes sociales. En lo personal, no soy partidario de que estas listas de síntomas se apliquen en forma rápida y automática para hacer el diagnóstico de la depresión; la experiencia clínica nos enseña que se requieren años de práctica especializada para aprender a hacer una buena entrevista, con las preguntas correctas, que deben adaptarse a la cultura, el sistema de creencias y la personalidad de cada paciente. Algunos síntomas requieren más observación que otra cosa: es decir, muchos aspectos de la conducta no verbal como la postura corporal, la expresión facial, el lenguaje mímico, el tono, el volumen y la velocidad de la voz requieren una apreciación por parte del experto. También es muy útil entrevistar a los familiares y a los cuidadores para tener un punto de vis-

Tabla 1

Síntoma	¿Lo menciona la Asociación Psiquiátrica Americana?	¿Lo menciona la Organización Mundial de la Salud?
Humor depresivo	Sí	Sí
Pérdida de interés	Sí	Sí
Anhedonia	Sí	Sí
Pérdida de peso	Sí	Sí
Ganancia de peso	Sí	No
Hiporexia	Sí	Sí
Hiperorexia	Sí	Sí
Insomnio	Sí	Sí
Hipersomnia	Sí	Sí
Agitación	Sí	Sí
Retardo psicomotor	Sí	No
Fatiga	Sí	Sí
Sentimientos de minusvalía	Sí	Sí
Sentimientos de culpa	Sí	Sí
Dificultad para pensar	Sí	Sí
Dificultad para concentrarse	Sí	Sí
Dificultad para la toma de decisiones	Sí	Sí
Ideas de muerte	Sí	Sí
Ideas suicidas	Sí	Sí
Planeación suicida	Sí	No
Intento suicida	Sí	Sí

ta complementario, con el cual se puede ganar información, y en el mejor de los casos, objetividad. Cuando el diagnóstico se hace de forma trivial, por ejemplo, a través de una encuesta por internet, sin la mediación de un clínico experto, la depresión suele sobrediagnosticarse. Esto es un problema grave, porque puede influir en que haya un uso excesivo y por lo tanto ineficiente y riesgoso de medicamentos antidepresivos. Ya habrá tiempo para hablar de estos medicamentos, pero por el momento basta con decir que pueden ser útiles cuando están bien indicados. Hay muchas condiciones que se parecen a la depresión mayor en forma superficial, pero que no requieren medicamentos, como la mayor parte de los estados de duelo que acompañan a las pérdidas de seres queridos o a las rupturas amorosas. Eventualmente, estos estados de duelo se complican, y entonces hablamos de un "duelo complicado" que quizá ya es un estado depresivo en el sentido estricto de la palabra. Pero esto no sucede en la mayoría de los casos. De hecho, uno de los reclamos más importantes que hacen la antipsiquiatría y el movimiento de psiquiatría crítica es que con frecuencia se medicaliza y se patologiza el repertorio humano normal de las emociones. En otras palabras: a veces no tenemos depresión, simplemente nos sentimos muy mal a consecuencia de circunstancias vitales, y en tales casos no deberíamos usar medicamentos, sino reconocer que estas emociones problemáticas son parte de nuestra vida y buscar el apoyo necesario para enfrentar las circunstancias difíciles. Creo que esa crítica es muy válida y tiene sentido, pero también límites. Hay estados clínicos en los cuales el sufrimiento es tan intenso, y las capacidades del individuo se encuentran tan abatidas, que lo mejor es usar psicoterapia, un medicamento, y otras medidas que han demostrado eficacia en estudios científicos. ¿Cómo distinguir, entonces, entre la tristeza normal y la depresión mayor? La diferenciación se hace tomando en cuenta la frecuencia, la severidad y la duración de los síntomas, las circunstancias del individuo, su historia de vida, su estilo emocional y cognitivo, y en general, las características de su personalidad. Cada caso requiere un razonamiento clínico cuidadoso, personalizado. Por esa razón soy escéptico de los métodos automatizados que se basan en listas de síntomas. Quizá pueden servir para establecer una detección preliminar, pero no deberían ser el criterio principal para una decisión terapéutica.

11) En general, se considera que el trastorno depresivo mayor está formado por episodios, y que se trata de un padecimiento que puede estar formado por un solo episodio, o de manera

más común, que es de naturaleza crónica y está formado por múltiples episodios. A cada episodio se le puede llamar "episodio depresivo mayor", y estos episodios también se pueden observar en el trastorno bipolar.[14] Sin embargo, el trastorno bipolar es un problema diferente, más grave, con mayor base genética. Por ejemplo, el coeficiente de heredabilidad (una manera de estimar el peso de la herencia) es cercano a 80% en el trastorno bipolar, pero no supera 40% en la depresión mayor (unipolar).[21] Ya habrá tiempo para hablar con más detalle acerca de la base genética de estos trastornos.

12) De esta manera se juzga que la "depresión bipolar" (así se le llama a la depresión que aparece en el curso del trastorno bipolar) es diferente en muchos sentidos de la "depresión unipolar".[22] En este libro voy a hablar casi siempre del trastorno depresivo unipolar, y por economía verbal le llamaré nada más "depresión mayor", o "trastorno depresivo mayor". Si en algún momento me refiero a los fenómenos depresivos observados en el trastorno bipolar, usaré el término "depresión bipolar".

13) Generalmente se acepta que hay subtipos o formas clínicas de depresión mayor. Según el manual de la Asociación Psiquiátrica Americana, se puede diagnosticar la depresión ansiosa, la depresión melancólica, la depresión atípica, la depresión psicótica y la depresión catatónica.[14]

14) Para medir el perfil clínico en pacientes con depresión mayor, se han desarrollado escalas clínicas que incluyen largas listas de síntomas, criterios para calificar cada síntoma como presente o ausente, y bases para medir la severidad del síntoma, habitualmente desde el grado "leve" hasta el grado "grave" o "extremo". De esta manera se obtienen puntajes que ayudan a conocer la severidad del cuadro clínico, y así podemos hablar de un trastorno depresivo mayor leve, moderado o severo. Estas escalas son la herramienta principal para medir el efecto de los tratamientos psicológicos o farmacológicos: por ejemplo, cuando hay una reducción de 50% de la severi-

dad, los investigadores clínicos dicen que hay una "respuesta", y cuando hay una ausencia de síntomas se dice que hay "remisión". Las escalas clínicas más famosas probablemente son la escala de Hamilton, la escala de Montgomery Asberg, y el inventario de Beck. Algunas escalas las califica el propio paciente, y en otros casos es el clínico quien hace la calificación. Quizás el mejor método clínico consiste en combinar escalas autoaplicables con escalas aplicadas por el clínico.

15) Finalmente, hay un amplio consenso respecto al significado de la depresión en términos de salud pública. Cuando hablamos de discapacidad, que se puede medir en términos de "años de vida saludables perdidos" a causa de una enfermedad o condición de salud, los problemas neuropsiquiátricos representan 31.7% de la carga mundial de discapacidad por problemas de salud. Tristemente, la depresión mayor es "líder" en esa estadística, ya que provoca 11.8%, seguida del alcoholismo (3.3%), la esquizofrenia (2.8%), el trastorno bipolar (2.4%) y la demencia (1.6%). En conjunto, las condiciones neuropsiquiátricas representan 28% de la carga mundial de discapacidad por problemas de salud.[18]

Se requiere más investigación clínica para perfeccionar los métodos de diagnóstico y medición de la depresión mayor. De hecho, hay debates apasionados al respecto entre expertos científicos en el mundo de la psiquiatría, la psicología y las neurociencias. En cualquier caso, el establecimiento de un consenso permite elaborar investigaciones que pueden ser verificadas y replicadas por investigadores en todo el mundo. De manera paulatina, esto genera información confiable que permite la construcción de una ciencia de la depresión mayor. Esta ciencia nos habla de los procesos psicológicos, los mecanismos cerebrales, las alternativas de diagnóstico, y el problema de los desenlaces de la depresión mayor. En primer lugar, esto podría proporcionar una respuesta a temas controvertidos dentro del gran debate público: por ejemplo, frente a la pregunta acerca del origen de la depresión mayor.

En busca del origen:
¿los genes o el ambiente?

Durante décadas hemos escuchado en los medios de comunicación y en foros de expertos una discusión en torno al origen de los trastornos mentales. ¿Surgen como resultado de anormalidades genéticas o por influencias nocivas del ambiente? En ambos lados de la discusión han aparecido científicos y pensadores brillantes, pero también académicos y opinólogos que defienden solamente la importancia de los genes o del ambiente, como si una cosa excluyera a la otra. De esta manera, los psicoanalistas que provienen de la escuela inaugurada por Sigmund Freud han insistido durante todo el siglo XX en el papel que juega la crianza y las relaciones de afecto (pero también las relaciones de poder) en la familia, mientras que los pensadores de orientación marxista sospechan (o francamente sostienen) que los problemas de salud mental se originan en la lucha de las clases sociales, en la explotación de los trabajadores y en las desigualdades que mantienen la pobreza de las clases bajas. A lo largo de este libro tendremos ocasión de analizar las evidencias científicas para juzgar qué tanto peso tienen los factores ambientales. A veces, el énfasis psicosocial provoca excesos como culpar a las madres por el desarrollo de esquizofrenia o autismo en sus hijos. Así, se habló en su momento de las "madres refrigerador", para referirse a las mujeres emocionalmente "frías" que en teoría serían responsables de que sus hijos padezcan autismo, o de las madres "esquizofrenizantes", a quienes habría que culpar por el desarrollo de la esquizofrenia en su descendencia. Por suerte, esas ideas parecen hoy exageradas y absurdas, pero esos conceptos fueron tomados con toda seriedad por académicos profesionales que las defendieron hasta sus últimas consecuencias. En el extremo opuesto, muchos investigadores de orientación biológica han restado importancia a las influencias sociales, y se han concentrado de manera exclusiva en aspectos genéticos y moleculares. Una vez que se obtuvieron datos sólidos que mostraban que algunos trastornos mentales, como la esquizofrenia y el trastorno bipolar, tienen bases genéticas bien definidas, los psiquiatras de orientación biológica se apresuraron a afirmar que esta información confirmaba la causa biológica de los trastornos mentales y a subestimar las influencias sociales. ¿En qué lugar estamos parados hoy en día con respecto a esta controversia?

Un artículo del doctor Sullivan, investigador de la Universidad de Carolina del Norte en Estados Unidos, muestra el estado actual de la controversia entre genética y ambiente en el origen de los trastornos mentales.[22] La conclusión es que la influencia genética es indiscutible, pero no afecta de la misma manera a todos los diagnósticos psiquiátricos.

Dentro de los trastornos mentales con coeficiente de alta heredabilidad (cercano a 80%) encontramos a la esquizofrenia, el autismo, el trastorno bipolar y el trastorno por déficit de atención con hiperactividad.[21] Por ejemplo, estos trastornos tienen mayor heredabilidad (de acuerdo con estudios de gemelos monocigotos) que otras enfermedades físicas bien conocidas, como la diabetes mellitus o el cáncer de mama, que se ubican alrededor de 60%. ¿En dónde se ubica el trastorno depresivo mayor dentro de este conjunto? Muy cerca del alcoholismo: ambos problemas se ubican alrededor de 40%.[21] Esto quiere decir que la influencia genética es importante, pero no tanto como sucede en otras condiciones psiquiátricas. La influencia genética no lo es todo: hay factores ambientales muy relevantes en el origen de la depresión mayor que tienen un impacto sobre la estructura del cerebro y son capaces de modificarlo mediante diferentes mecanismos, entre ellos, los procesos epigenéticos. ¿Cuáles son, entonces, estos factores ambientales? Y ¿qué cosa son los mecanismos epigenéticos? ¿Cuáles son las estructuras cerebrales que se alteran en la depresión? ¿Qué tipo de cambios ocurren?

Entre la privación y la amenaza

Una vez que entendemos que la depresión mayor se debe a una interacción de factores genéticos y ambientales, nos preguntamos de qué manera interactúan estos dos tipos de factores. ¿Los problemas ambientales pueden activar o desactivar genes relacionados con la salud mental? ¿Se pueden identificar genes de alto riesgo o genes protectores, para saber qué individuos tienen mayor propensión a un trastorno mental? Y de manera más específica, ¿sabemos cuáles son los factores ambientales que inciden en el desarrollo de la depresión?

La doctora Margaret Sheridan, del Hospital Infantil de Boston y la Universidad de Harvard, publicó en 2014 un excelente artículo acerca de los factores sociales asociados a problemas de salud mental.[23] Para ubicar los problemas del ambiente social que enfrentamos durante el desarrollo físico y psicológico, la autora distingue dos ejes: uno corresponde a la privación social y el otro a la amenaza.

Como puede verse en la figura 1, los mayores grados de privación social son padecidos por individuos que viven en condiciones de institucionalización: por ejemplo, quienes viven durante un tiempo prolongado en orfanatorios, albergues, prisiones, asilos, hospitales psiquiátricos, y que no tienen una interacción adecuada con el entorno afuera de la institución. En segundo lugar, dentro de ese eje encontramos la negligencia, que se refiere a lo que llamaremos "experiencias de abandono y negligencia social", es decir, la vivencia de personas

45

que no se encuentran institucionalizadas, pero que sufren el abandono de algunos de sus padres, o situaciones importantes de descuido
por parte de las personas encargadas de dar atención: por ejemplo,
padres o madres que no dan alimentación, protección física y psicológica, cuidados durante la enfermedad y otras situaciones semejantes.

En el otro eje se encuentra lo que la doctora Sheridan llama amenaza, y en donde encontramos en primer lugar el abuso físico y sexual.
En segundo lugar se encuentra la violencia doméstica, y en tercer
lugar la violencia en la comunidad. Como puede verse, en este eje
encontramos problemas que significan amenazas directas para la integridad de los individuos, capaces de lesionar físicamente y de generar
dolor, o bien, en el caso del abuso sexual, de generar pánico y sufrimiento psicológico (además de lesiones físicas). También podemos ver
en el esquema que la pobreza se encuentra en el centro: representa un
factor de riesgo para la salud mental porque significa una fuente de
privación social, y también de amenaza. En general, la amenaza y la
privación no son mutuamente excluyentes: un mismo factor de estrés
puede tener los mismos efectos: por ejemplo, un padre distante, que
no conversa con sus hijos, que descuida las necesidades emocionales y
materiales de sus hijos, y además los golpea y humilla física y verbal-
mente, significa un factor de privación social y también de amenaza.

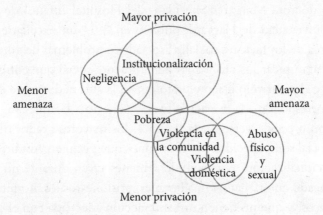

Figura 1. Los factores sociales que influyen en la formación de problemas de salud mental pueden ubicarse en dos ejes: el de la privación social
y el de la amenaza.

Desde el punto de vista fisiológico, la privación y la amenaza tienen efectos diferentes sobre la salud física y mental. Vale la pena hacer un breve recorrido por los efectos de estos problemas sobre la función y la estructura del sistema nervioso, a partir de lo aprendido en estudios con animales, y en investigaciones con seres humanos. Estas últimas investigaciones tienen como desventaja, desde el punto de vista científico, la dificultad para controlar todos los factores implicados en el desarrollo del comportamiento, ya que los ambientes humanos son tremendamente complejos. En la investigación con animales se han diseñado experimentos imposibles de replicar en seres humanos. Por ejemplo, protocolos para provocar muchos tipos de estrés y evaluar sus efectos sobre la estructura cerebral. A cambio de lo anterior, los estudios con seres humanos nos permiten medir los problemas sociales de interés (por ejemplo, el abuso sexual), y evaluar de forma directa los desenlaces patológicos: la depresión mayor, los trastornos de ansiedad, el trastorno por estrés postraumático, y condiciones de salud general, como algunas enfermedades inflamatorias y metabólicas que también podrían asociarse al estrés en etapas tempranas de la vida.[24]

Los efectos de la privación social
en animales

Al usar el término "privación", la doctora Margaret Sheridan se refiere a "una falta en la entrada de estímulos ambientales esperados para la especie y para la edad; específicamente, una falta de estímulos cognitivos y sociales".[23]

    ¿Qué podemos aprender mediante estudios hechos en animales? Aunque algunos críticos son escépticos del uso de animales para investigar problemas humanos, específicamente de orden social, hay un consenso científico amplio respecto a que los estudios de psicobiología (biología de la conducta) y neurobiología (biología del sistema nervioso) realizados con modelos animales generan un conocimiento importante acerca de la privación ambiental y sus efectos sobre la estructura y la función del sistema nervioso.

    La falta de estímulos sensoriales en etapas tempranas del desarrollo genera deficiencias graves en estructuras cerebrales encargadas de procesar señales que provienen de los órganos de los sentidos. En un estudio clásico, John R. O'Kusky examinó gatos con visión normal y los comparó con gatos a los que les impidió ver completamente, desde el día 70 de nacidos hasta el día 220. Los gatos privados de luz mostraron una reducción significativa en el grosor de la corteza cerebral en el área 17, que se especializa en recibir y procesar información visual. De manera específica, la falta total de luz inducida por el experimento produjo un aumento en la eliminación de sinapsis, es decir, conexiones entre neuronas, en un área especializada en la visión, localizada en la corteza occipital del cerebro, y conocida como área 17 de Brodmann.[25]

Otros estudios clásicos se han concentrado en los efectos de una privación más general de los estímulos ambientales (en la cual se reducen los estímulos visuales, auditivos, y también los estímulos sociales, es decir, la interacción con otros individuos de la misma especie). Los resultados muestran que esta forma general de privación se asocia con una reducción del grosor de la corteza en diferentes regiones del cerebro. Cuando esas regiones se analizan mediante estudios microscópicos, se observa una reducción en lo que se conoce como "arborizaciones dendríticas", es decir: en el tamaño de las prolongaciones neuronales especializadas en recibir información.[26-29] En conjunto, estos estudios clásicos (hechos con roedores, en su mayoría) parecen decirnos que la falta de estímulos sensoriales y sociales en etapas tempranas del desarrollo induce una reducción en la maquinaria biológica dispuesta para conectar a una neurona con otra. Pero es posible revertir esos cambios (al menos parcialmente) mediante ambientes enriquecidos, en donde el individuo animal es expuesto a un mayor número de estímulos sensoriales y sociales: a una mayor frecuencia de interacciones con otros individuos de su misma especie.[28] Y en el caso de los seres humanos, ¿se han obtenido resultados similares? ¿Hay una continuidad entre los animales y los seres humanos en cuanto al efecto de la privación sensorial? Como veremos a continuación, todo parece indicar que así es.

Los efectos de la privación social
en seres humanos

Los mejores estudios realizados en seres humanos para evaluar los efectos de la privación social se han obtenido en situaciones de abandono, negligencia paterna, y en instituciones donde los individuos se encuentran restringidos en su interacción social durante largos periodos (albergues, orfanatorios, cárceles, hospitales psiquiátricos de estancia prolongada). En estos entornos, la mayoría de los niños tiene una pobre estimulación social, tanto en el aspecto emocional como en el cognitivo.[30]

Desde el punto de vista clínico, el principal desenlace observado es una disminución significativa de las funciones intelectuales. Esto enfatiza la importancia de la crianza: incluso el grado de inteligencia puede afectarse como consecuencia del abandono o el encierro. Algunas funciones son particularmente vulnerables: por ejemplo, la memoria o las funciones ejecutivas, es decir, las habilidades para formar un plan eficiente con el cual enfrentar problemas.[31]

En el aspecto biológico, se han realizado estudios para conocer los efectos de la privación social sobre la estructura y la función del sistema nervioso mediante técnicas de imagenología cerebral. Los niños que pasan largos periodos en ambientes empobrecidos socialmente, con una baja frecuencia y calidad de estímulos sociales, pueden presentar una reducción en el grosor de la corteza cerebral y en la función de la corteza prefrontal.[32-34] En conjunto, se trata de malas noticias para quienes se encuentran en esta situación. La corteza cerebral es indispensable para todas las operaciones intelectuales de nuestra vida. La corteza prefrontal, de manera más específica, es la parte necesaria para llevar a cabo las funciones ejecutivas, es decir, el desarrollo de planes y estrategias para resolver problemas, mediante habilidades como la memoria de trabajo, la memoria prospectiva, la capacidad para ordenar secuencialmente la información, el filtrado de estímulos irrelevantes, y el monitoreo de nuestro propio desempeño, que nos permite realizar ajustes para perfeccionar la conducta.

No es exagerado decir que los niños en situación de abandono en etapas tempranas de la vida tienen un alto riesgo de sufrir consecuencias no sólo durante la niñez, sino a lo largo de la vida.

En todo caso, para ampliar el recorrido por los siniestros efectos de la privación social, es tiempo de pasar al gran problema que ha ocupado la atención de escritores, filósofos, psicoterapeutas, y que comienza a entenderse mejor en términos científicos: el efecto psicobiológico de las pérdidas, en particular (pero no exclusivamente) la pérdida de los seres queridos.

La pérdida de la madre
en el desarrollo de la depresión mayor

Una de las preocupaciones centrales en el estudio cualitativo de la condición humana es el efecto psicológico de las pérdidas; en especial, la de los seres queridos, pero también de otras: la pérdida del trabajo, de un hogar, de la salud, del brazo o la pierna… Los escritores de obras narrativas han explorado a profundidad esta temática. Los psicoterapeutas, por su parte, han insistido en que el sufrimiento de sus pacientes con frecuencia se expresa como un lamento por los seres amados y perdidos. ¿Qué nos dice la investigación clínica al respecto? ¿Hay estudios epidemiológicos que documenten esta relación? ¿Y las neurociencias tienen algo que decir al respecto?

Al terminar el siglo XIX, este problema ocupaba la mente de uno de los médicos más célebres de la historia, el austriaco Sigmund Freud, quien trabajó como neurólogo clínico y neurofisiólogo experimental, y más tarde desarrolló el campo de conocimiento al que llamó "psicoanálisis". La validez del psicoanálisis ha sido cuestionada una y otra vez y también defendida de forma apasionada. No se trata de una disciplina científica en el sentido estricto de la palabra, pero Freud tiene el mérito de haber traído a la reflexión humanística muchos problemas: entre ellos, la relación entre la pérdida de un ser querido, y lo que hoy llamaríamos depresión mayor, y que a principios del siglo XX recibía otro nombre: melancolía. En 1917, decíamos, Freud publicó un ensayo titulado *Duelo y melancolía*, en donde intenta "echar luz sobre la naturaleza de la melancolía comparándola con un afecto normal: el duelo".[11] La tesis central es que "ambas condiciones se asemejan en el sentimiento de dolor moral, en el desinterés por el mundo exterior, en la incapacidad para buscar y elegir un nuevo objeto de amor; pero en el duelo normal no sucede un fenómeno crucial de la melancolía: la pérdida del valor que uno da a sí mismo".[11] Han pasado ya más de 100 años desde la publicación de ese ensayo, y la relación entre el duelo y la depresión sigue siendo un tema de gran relevancia para entender cómo se generan formas de sufrimiento capaces de superar las capacidades humanas de afrontamiento. Antes de exponer algunas cifras y los resultados de investigaciones neurocientíficas, quiero aclarar que este tema genera muchas polémicas entre expertos. Por una parte, algunos críticos de la medicina psiquiátrica dicen (con bastante razón) que el duelo es parte de la experiencia humana normal, y que por lo tanto es importante dejarlo fuera de las clasificaciones psiquiátricas, que buscan nombrar y conceptualizar todas las condiciones de salud que ameritan un tratamiento médico. Se dice que no debemos medicalizar y patologizar la vida cotidiana, es decir, convertir en patología aquello que sólo es parte de la psicología normal, con su carga de problemas cotidianos. Por esta razón, los manuales diagnósticos de uso común, como el de la Asociación Psiquiátrica Americana, piden que se haga una cuidadosa diferenciación entre el duelo y la depresión.[14] En la mayoría de los casos ambas condiciones pueden diferenciarse, y en el duelo no se requiere un tratamiento médico, por lo general. Sin embargo, en las últimas décadas se ha acumulado información relacionada con el efecto de las pérdidas en la generación de la depresión mayor, o de otras condiciones que pueden requerir atención médica; esto es más probable cuando las pérdidas ocurren en las etapas tempranas de la vida, durante los periodos de mayor vulnerabilidad biológica, psicológica y social.

Un punto de partida necesario para el análisis científico de la relación entre las pérdidas de seres queridos y el desarrollo de la depresión mayor consiste en revisar grandes estudios epidemiológicos. En esas investigaciones se observa de forma retrospectiva el antecedente de pérdidas tempranas en quienes reciben un diagnóstico de depresión.

O mejor aún, podemos buscar estudios en los cuales se identifican niños o adolescentes que sufren pérdidas, y en los cuales se da seguimiento por un tiempo suficiente, de manera prospectiva, para saber si desarrollan depresión en la vida adulta. En todo caso, siempre se requieren grupos de comparación.

Un estudio realizado con 360 niños entre los seis y los 17 años mostró que el periodo de máximo riesgo para presentar alteraciones emocionales características del duelo es de dos años. No obstante, las alteraciones son menos severas que las que ocurren en la depresión mayor. El desenlace, bueno o malo, está influido por la condición socioeconómica, pero también por el estado emocional del padre sobreviviente: si el padre o la madre que sobrevivió tiene síntomas de depresión, el desenlace en el niño o niña es menos favorable.[35] Pero ¿qué sucede años después con esos niños, cuando son adultos?

Un estudio en Suecia incluyó a personas nacidas entre 1973 y 1982, con una muestra total muy grande, de 862 mil 554 personas. El seguimiento se realizó mediante registros hospitalarios o de atención ambulatoria (por consulta externa) durante los años 2006-2013. Los autores encontraron que la muerte de la madre por causas naturales (enfermedad) aumentaba el riesgo de depresión, en pequeña proporción, durante la etapa de adulto joven (el aumento del riesgo era de 19% en el caso de los hombres, y de 15% en el caso de las mujeres). Sin embargo, cuando la muerte de la madre había ocurrido como resultado de homicidio, suicidio o accidentes, las repercusiones psiquiátricas fueron mucho más frecuentes: el riesgo de hospitalización por depresión en los hombres aumentó 223%, y en las mujeres aumentó 79% (siempre en comparación con personas que no habían tenido la pérdida materna). Este estudio también mostró que los niños en edad preescolar eran más vulnerables que los adolescentes, y tenían mayor riesgo de hospitalización y atención ambulatoria por depresión cuando eran adultos jóvenes.[36] Los mismos autores, con la misma base de datos, reportaron en otra publicación que la muerte de la madre o del padre por causas como el homicidio, el suicidio o los accidentes, significaban un aumento de riesgo de 100% de ser atendido en un hospital por lesiones autoinfligidas o autoenvenenamiento.[37] Este tipo de efectos tardíos frente a las pérdidas tempranas de seres queridos no se observan con cualquier condición de salud. Por ejemplo, un estudio epidemiológico mostró que las enfermedades cardiovasculares no están influidas por la adversidad sufrida en la infancia.[38] Incluso se sabe que otras condiciones psiquiátricas, como el trastorno bipolar, no muestran una asociación evidente con la pérdida materna o paterna.[39] Esto debe recordarnos que la depresión mayor tiene una menor influencia genética y una mayor influencia ambiental que el trastorno bipolar, la esquizofrenia o el autismo.

Hasta el momento he comentado estudios que confirman la relevancia de la presencia materna para la salud mental en el largo plazo. Fuera del contexto geográfico occidental, esto también está demostrado: por ejemplo, en Japón.[40] Pero ¿qué podemos decir acerca del padre? ¿Su muerte durante la infancia del hijo significa un factor de riesgo para desarrollar depresión en los adultos?

La pérdida del padre
y la separación familiar
en el desarrollo de la depresión mayor

Un estudio realizado en Baltimore, Estados Unidos, con 3 mil 481 individuos, nos dio lecciones importantes sobre los efectos de la ausencia paterna. La muerte del padre durante la infancia duplicó el riesgo de depresión en la vida adulta. Al interpretar los datos, los autores de ese trabajo atribuyeron el efecto al estrés financiero, que pudo durar por años, lo cual complicaría la adaptación familiar a la pérdida.[41] Sin embargo, los mecanismos a través de los cuales las pérdidas influyen en la salud mental en el largo plazo probablemente resulten de una combinación de factores socioeconómicos, culturales, psicológicos y biológicos. Ya tendremos ocasión de analizar con mayor detenimiento los estudios neurocientíficos al respecto, pero por el momento basta con citar un estudio de genética, en el cual se midió un marcador que no tiene nada que ver inicialmente con el aspecto económico: me refiero a lo que se conoce como la "longitud de los telómeros". Se trata de lo siguiente: cuando se visualizan los cromosomas que componen el ADN humano, es decir, nuestro material genético, se pueden identificar los extremos de los cromosomas, que son regiones que al parecer tienen como función dar estabilidad a la estructura física del material genético. Estos telómeros se alteran con frecuencia en enfermedades como el cáncer. Durante el envejecimiento de las células, se observa un acortamiento de los telómeros. ¿Es posible que este acortamiento de los telómeros, como el que sucede con el envejecimiento, se produzca en los trastornos psiquiátricos, o como resultado de las pérdidas de seres queridos en edades tempranas? Así es. Un estudio realizado con 290 individuos que presentaban depresión mayor, ansiedad, abuso de sustancias o adversidades en la infancia como la pérdida de alguno de los padres, encontró modificaciones genéticas como las observadas en el envejecimiento: el acortamiento de los telómeros se observó en todas esas condiciones psiquiátricas, y también en los sujetos con el antecedente de la adversidad infantil. El estudio demostró que esto no se debía a otras enfermedades físicas o al uso de medicamentos psiquiátricos. El impacto penetrante y de largo plazo de las pérdidas sobre la biología humana no puede ni debe subestimarse.[42]

Otro tipo de pérdidas, como la pérdida de la unión familiar que sucede cuando los padres se divorcian, también ejercen efectos de largo plazo, aunque son efectos más tenues. Un estudio realizado en Dinamarca con 978 mil 647 individuos mostró que la separación familiar aumentaba el riesgo de depresión 66%, pero solamente cuando la separación ocurría antes de los cuatro años de edad.[43] Un estudio con una muestra considerable mostró evidencias sólidas de que la separación familiar también influye en la dependencia al alcohol.[44]

Hasta el momento, he mostrado evidencias sobre la relación entre las pérdidas en etapas tempranas de la vida, y el desarrollo de depresión en los años siguientes, incluso durante la vida adulta. No se trata de una cuestión de "todo o nada": las pérdidas, como cualquier otro factor causal de la depresión mayor, son factores de riesgo, es decir, eventos que no significan forzosamente que el individuo tendrá depresión, pero aumentan la probabilidad de que esto suceda. ¿De qué depende esto? Quizá para entender mejor la conexión entre las pérdidas y la depresión podemos consultar otra vez los estudios neurocientíficos realizados con animales y con seres humanos.

El estrés de separación
en modelos animales

Una perspectiva útil para entender el impacto de las pérdidas de seres queridos, especialmente durante la infancia, nos lo ofrece Jaak Pankseep, llamado a veces "el padre de las neurociencias afectivas", quien se volvió famoso como "el científico capaz de hacer reír a las ratas". En la figura 2 se muestra una ilustración artística de este noble personaje que trató de hacer sentir bien (¡por una vez!) a los animales que han sido sacrificados tantas veces en nombre de la ciencia, para servir a la humanidad... Panksepp observó vocalizaciones ultrasónicas espontáneas y condicionadas (en la frecuencia de 50 kHz) en ratas jóvenes.[45] La maniobra experimental, aunque parezca ficción, eran cosquillas manuales realizadas por el investigador. Las ratas que se encontraban aisladas presentaban estas vocalizaciones con mayor facilidad que las ratas que se encontraban en un medio social (es decir, ratas que convivían con otras ratas). Por supuesto, el autor discutió en su artículo científico las dificultades para conceptualizar estas vocalizaciones.[45] ¿Podemos decir que son ejemplos de risa animal? Es fácil caer en la tentación de antropomorfizar la conducta de los animales, es decir, de verla como si fuera una conducta humana. Por otra parte, las ratas que tenían mayor facilidad para emitir las vocalizaciones en respuesta a las cosquillas también tenían una mayor conducta de juego. Si uno observa los videos disponibles en internet con explicaciones del propio doctor, es fácil ver que, una vez que el investigador ha hecho "la maniobra experimental", las ratas buscan la mano de Panksepp, despliegan una conducta de juego, y a riesgo de antropomorfizarlas, parecen disfrutar ese tipo de interacción.

Figura 2. Retrato de Jaak Panksepp, conocido como el padre de la neurociencia afectiva, o como "el científico que hacía reír a las ratas". Ilustración de José Agustín Ramírez Bermúdez.

Jaak Panksepp hizo una propuesta teórica interesante relacionada con los sistemas cerebrales encargados de la emoción en los mamíferos, y distinguió ocho sistemas emocionales primordiales, relacionados con la búsqueda, la ira, el miedo, el deseo sexual, el cuidado, el pánico y el juego.[46] De acuerdo con su propuesta, estos sistemas ayudan al organismo a encontrar un balance afectivo, que en el caso de los humanos podría corresponder a lo que los psiquiatras llaman "eutimia".[46] Para lograr esto, hay tres sistemas particularmente importantes: el sistema de "pánico", relacionado con el estrés de separación, que a su juicio depende de mensajeros químicos conocidos como opiáceos. Debido a esto, cuando el sistema se activa de forma descontrolada generando estados clínicos o conductuales de "alarma tipo pánico", es posible reducir la actividad por medio de medicamentos derivados del opio (por ejemplo, dosis bajas de opioides).[46] Como veremos más adelante, esto nos ayuda a establecer un mecanismo para explicar la fuerte relación clínica entre el dolor y la depresión mayor. Pero hay otros sistemas involucrados: el malestar depresivo puede surgir también cuando hay una reducción en los sistemas de recompensa cerebrales, formados por la búsqueda (de placer) y el juego. En el contexto clínico (otra vez dentro de la propuesta de Panksepp), la manifestación psicológica del sistema de búsqueda es el entusiasmo, y en el caso del sistema de juego, su expresión es "la exuberancia gozosa".[46] ¿Es posible ver cómo se genera el desequilibro de estos sistemas en un experimento de conducta animal?

Algunos críticos se preguntan qué tan válidos son los trabajos con animales para entender la complejidad de las emociones humanas. Aunque los modelos animales tienen limitaciones, también tienen ventajas. Por ejemplo, algunos estudios experimentales son interesantes porque cuantifican la interacción entre la madre y los hijos.[47] En un estudio del neurocientífico Charlis Raineki, realizado con ratas Long-Evans, se usó un paradigma (es decir, un formato experimental) conocido como "paradigma de la madre abusiva". Sucede lo siguiente: la madre y sus cachorros son colocados en un ambiente con materiales restringidos para la construcción de un nido o cama. Esta limitación impide que la madre pueda desarrollar sus capacidades normales para construir un nido, lo cual termina por reducir el tiempo dedicado a las crías, así como la calidad de la interacción. Esto se puede observar en la tabla 2, tomado de una investigación con esta metodología.[47] El resultado es un aumento en las vocalizaciones de las crías, y las vocalizaciones transmiten estados emocionales que pueden calificarse como expresiones del sistema de pánico descrito por Jaak Pankseep. Transmiten un "estrés de separación". Para tener un punto de comparación, los investigadores utilizan un grupo de control con ratas a las que se les proporcionan los requerimientos normales para la formación de nidos.[47]

Tabla 2

Conducta materna	Madres abusivas	Madres del grupo de control
Pisar o saltar encima de las crías	12.78%	3.75%
Manejo rudo de las crías	17.66%	1.67%
Construcción del nido	13.14%	0%
Comportamientos de cuidado hacia las crías	45.18%	73.75%
Tiempo de la madre en el nido	48.69%	74.44%
Conducta de las crías	**Grupo experimental**	**Grupo de control**
Vocalizaciones	13.97%	0%

En la tabla, los valores corresponden al porcentaje de los periodos de observación en los cuales los comportamientos ocurrieron. Por ejemplo, en el caso de las madres abusivas, el comportamiento de cuidado hacia las crías ocurrió en 45% de los periodos de observación, mientras que en el grupo de control este comportamiento ocurrió en 74%. Es decir que las madres abusivas dedicaron menos tiempo al cuidado de las crías, y en respuesta, las vocalizaciones de las crías ocurrieron en 13% de los periodos de observación en el grupo experimental, mientras que no ocurrieron en el grupo de control. Para medir esto, se filma o graba el comportamiento, y luego se analiza dividiendo la duración total de la filmación o la videograbación en intervalos regulares de tiempo. En este estudio en particular, aunque la inducción del estrés se realizó cuando las crías eran muy pequeñas, los comportamientos semejantes a la depresión mayor ocurrieron tiempo después, durante la adolescencia. Estos comportamientos semejantes a la depresión se estudian con lo que se conoce como una prueba de nado forzado.[47] En esta prueba, el tiempo que la rata permanece inmóvil se considera un comportamiento "tipo depresión". Es decir, los investigadores no hablan de "depresión mayor" como tal, ya que este concepto se usa más bien en seres humanos, pero la mayoría de los neurobiólogos aceptan que los demás mamíferos, como las ratas, tienen comportamientos semejantes a la depresión.

En el estudio de Charles Raineki con el "paradigma de las madres abusivas" se midió la actividad de una estructura cerebral involucrada en las respuestas conductuales de ataque y defensa: la amígdala del lóbulo temporal. Se pudo observar una relación significativa entre la actividad de este centro cerebral y las conductas tipo-depresión. Más aún, como parte del experimento, en algunas ratas se desactivó temporalmente la amígdala. Esto se logra mediante la infusión de un fármaco (muscimol). Al desactivar la amígdala se logró revertir las conductas tipo-depresión durante la prueba de nado forzado.[47]

Como se ha podido observar, en los experimentos con animales, y en los estudios con seres humanos, es difícil separar por completo los problemas catalogados inicialmente como "privación social", de los procesos calificados como "amenaza". En el experimento descrito en este capítulo se presentan los dos factores. Hay privación porque la "madre abusiva" pasa menos tiempo con los hijos, pero también hay amenaza porque de hecho se comporta de forma ligeramente hostil con ellos, todo lo cual registran los investigadores. Es indispensable revisar algunas evidencias acerca del papel de la amenaza social en el origen de la depresión mayor. Pero antes dediquemos un momento para discutir el principal "caldo de cultivo" en el cual se exacerban tanto la privación como la amenaza: me refiero a la pobreza.

Los efectos cerebrales de la pobreza

Por desgracia, los investigadores que se dedican a las ciencias naturales y los académicos de las ciencias sociales establecen pocas colaboraciones. Es como si se tratara de dos mundos paralelos que nunca pueden tocarse, y también hay que aceptar que hay prejuicios de un lado y del otro. Quienes hacen ciencias naturales suelen pensar que los científicos sociales son imprecisos y demasiado laxos en sus métodos; mientras tanto, en la trinchera de las ciencias sociales se piensa con frecuencia que los investigadores en el ramo de las ciencias naturales son reduccionistas y rígidos. Quizá ambas cosas tengan algo de cierto; en todo caso, cuando se establecen colaboraciones interdisciplinarias entre los dos grupos académicos se obtienen resultados interesantes. Por ejemplo, al estudiar los efectos cerebrales de la pobreza.

En el terreno de la salud pública, se sabe desde hace mucho tiempo que la pobreza es un factor de riesgo para muchas enfermedades. Un estudio realizado en Suecia mostró de forma convincente que las desventajas socioeconómicas se asocian, en mujeres, a un aumento en el riesgo de enfermedades del corazón. Esta asociación se demostró en el estudio cuando la desventaja económica había ocurrido en etapas tempranas de la vida, pero también cuando sucedía de manera reciente.[48] Debe tomarse en cuenta que la desigualdad económica entre hombres y mujeres es un grave problema sin resolver en todo el mundo, aun en países desarrollados. Desde luego es mucho más grave en países con una pobre tradición en términos de igualdad de género.

En fechas más recientes, se han realizado estudios que demuestran lo que muchos han sospechado: que la pobreza afecta de forma directa la estructura y función del cerebro, lo cual, a su vez, significa que las personas con desventajas socioeconómicas tienen un riesgo mayor de desarrollar numerosos trastornos cognoscitivos y emocionales.[49] Hay diversas regiones cerebrales que muestran un menor volumen cerebral en personas que han tenido desventajas socioeconómicas, pero las mejores evidencias científicas se han encontrado en la corteza prefrontal.

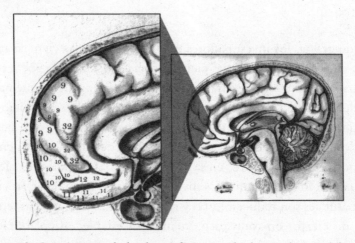

Figura 3. Cara interna de los hemisferios cerebrales. Se ha amplificado la región frontal para ilustrar la localización de la corteza prefrontal, incluyendo las regiones 9, 10, 11, 12 y 32 de Brodmann, encargadas de la toma de decisiones y de procesos intelectuales de abstracción y planeación.

La corteza prefrontal, amplificada en la figura 3, es una de las regiones cerebrales más desarrolladas desde el punto de vista filogenético, es decir, desde la perspectiva de la evolución de las especies. A principios del siglo xx, el neurocientífico alemán Korbinan Brodmann describió la estructura microscópica de la corteza cerebral, y localizó varias regiones que constituyen la corteza prefrontal: en la cara medial de los hemisferios cerebrales encontramos las áreas 9, 10,

11, 12 y 32, que procesan información necesaria para realizar actividades intelectuales como la abstracción, la planeación y la toma de decisiones. Estas regiones aparecen en la figura 3. En la cara lateral de los hemisferios cerebrales, que no aparece en la figura, se localiza la parte lateral de las áreas 9 y 10, y aparece el área 46. Esta región es indispensable para la función conocida como memoria de trabajo, que nos permite mantener piezas de información disponibles mientras manipulamos otras piezas de información.

En conjunto, la corteza prefrontal es necesaria para lo que se conoce entre algunos neurocientíficos como "memorias del futuro": planes y proyectos, "recuerdos" de todo aquello que no hemos hecho, pero que podríamos hacer.[50] Si consideramos todo esto, es evidente que la desigualdad socioeconómica significa, de forma directa, una desventaja cognoscitiva capaz de afectar el desempeño de los individuos, y que contribuye a mantenerlos en la pobreza. Esto no significa, desde luego, que una persona en situación de pobreza, incluso de pobreza extrema, no pueda tener el más alto desempeño intelectual o social, pero lo hará en condiciones de desventaja. En la tabla 3 se resumen los porcentajes por regiones de personas que viven en extrema pobreza en el mundo, de acuerdo con cifras de Banco Mundial.[51]

Tabla 3. Porcentaje de la población que vivía en condiciones de extrema pobreza en 2011 según el Banco Mundial

Región	Porcentaje en el año 2011
Asia del Este y Pacífico	8.5
Asia central y Europa	2.7
Latinoamérica y El Caribe	6.5
Medio Oriente y norte de África	Sin datos
Sur de Asia	22.3
África subsahariana	44.3
Países en desarrollo	16.6
El mundo entero	14.2

Los efectos de la amenaza social

Al usar el término "amenaza", la doctora Margaret Sheridan se refiere a "experiencias atípicas e inesperadas caracterizadas por representar un daño efectivo a la integridad física o un peligro real de daño".[23] Entre las circunstancias mejor estudiadas que representan una amenaza para el individuo durante el desarrollo de la personalidad, se encuentran el abuso físico y sexual, la violencia doméstica y la violencia en la comunidad.

Cuando nos referimos al abuso físico y sexual, hay varias experiencias que debemos destacar: el maltrato infantil, por una parte, y en segundo lugar el abuso sexual. Desde luego, las mujeres, en particular las menores de edad, son el grupo más vulnerable cuando hablamos de abuso sexual.

¿Qué sabemos a partir de estudios en animales? Diversos estudios realizados en ratas muestran que el estrés crónico, en etapas tempranas de la vida, genera cambios de largo plazo en el sistema nervioso. Esto se ha demostrado de manera consistente en una estructura conocida como hipocampo, que se encarga de procesos de memoria, por lo cual el estrés crónico temprano puede tener defectos prolongados en la memoria.[52] De forma un poco más específica, los experimentos realizados en ratas jóvenes muestran que el estrés crónico puede reducir las arborizaciones dendríticas, es decir, la superficie en la cual se lleva a cabo la conexión entre neuronas.[52] Al parecer, esto está relacionado con la actividad excesiva de un sistema hormonal que se conoce como "eje del estrés". Ya tendremos ocasión de ver los efectos del "eje del estrés" sobre las células del hipocampo y el proceso de la memoria. Por el momento, es necesario introducir otro personaje a nuestra historia: me refiero a la amígdala del lóbulo temporal, una estructura cerebral que es afectada por las amenazas.

La amígdala se localiza en el lóbulo temporal. Está formada por varios núcleos de sustancia gris, que contienen a su vez los cuerpos de múltiples neuronas. Entre otras funciones, se encarga de asignar valor a la información que proviene del medio interno y del medio externo, con lo cual participa en la generación de estados emocionales, principalmente en lo que se conoce comúnmente como "reacción de lucha y huida". Entre otras cosas, la amígdala participa en el aprendizaje basado en castigos, algo que también se conoce como condicionamiento basado en el miedo. Esto se debe a que la amígdala participa en el proceso mediante el cual un estímulo neutral se asocia con un estímulo aversivo o nocivo. De lo que estamos hablando, entonces, es de un aprendizaje asociativo basado en castigos y que se expresa como una reacción de miedo. ¿Pero qué cambios físicos se presentan en la amígdala ante formas crónicas de amenaza? De acuerdo con investigaciones realizadas en ratas, las amenazas que ocurren en etapas tempranas de la vida se asocian con un aumento en las espinas dendríticas de las neuronas amigdalinas, es decir, con un aumento en la superficie para la comunicación entre neuronas. También se han demostrado cambios en la función de la amígdala: hay un aumento en la actividad basal y en la respuesta a tareas estresantes, al mismo tiempo que se observan deficiencias en los mecanismos para inhibir la actividad de la amígdala.[47,53] En otras palabras, las condiciones amenazantes que ocurren y se repiten en las etapas tempranas de la vida predisponen a la amígdala a tener una hiperactividad duradera. ¿Qué significa todo esto en el terreno clínico? Un experimento realizado por el Instituto del Cerebro Emocional mostró que el estrés temprano genera deficiencias en la conducta social en las ratas, y más tarde, durante la adolescencia, aparecen comportamientos parecidos a la depresión mayor observada en adultos.[53] Los autores de ese experimento pensaban que la amígdala del lóbulo temporal era responsable de los efectos, y para demostrarlo midieron la actividad de esa estructura cerebral en respuesta al "nado forzado". En esta tarea, los animales deben nadar en un recipiente sin el apoyo necesario para descansar y recuperar sus fuerzas. Después del nado forzado, las ratas mostraban un aumento en la actividad de la amígdala, y comportamientos parecidos a la depresión mayor.

Si vemos en conjunto estos estudios en animales, podemos sintetizar lo siguiente: las amenazas que se presentan de manera prolongada en las etapas tempranas de la vida tienen efectos duraderos en el sistema nervioso y en la conducta. Por una parte, disminuyen la actividad y la integridad de las conexiones sinápticas del hipocampo, lo cual a su vez genera problemas de memoria a largo plazo. Por otra parte, en la amígdala del lóbulo temporal ocurren aumentos de la actividad y en la superficie para las conexiones sinápticas, así como deficiencias en la conducta social y comportamientos parecidos a la depresión mayor observada en seres humanos. En la figura 4 se sintetiza esta pequeña historia científica.

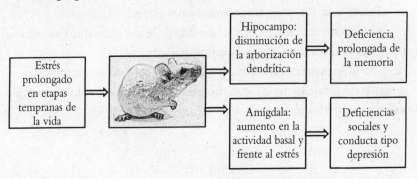

Figura 4. Que resume los efectos del estrés prolongado en etapas tempranas de la vida de acuerdo con estudios realizados en ratas.

¿Qué sabemos a partir de los estudios en seres humanos? Los estudios de imágenes cerebrales y de neuropsicología apoyan la idea de que, al igual que sucede en animales, los seres humanos sufren cambios cerebrales cuando hay amenazas para su integridad en edades tempranas del desarrollo. Frente a adversidades graves en la infancia, parece

haber una reducción en el tamaño del hipocampo que no se observa en la niñez, sino en la edad adulta. Esto sugiere un efecto retardado o acumulativo. La reducción de volumen del hipocampo se asocia a defectos en el aprendizaje y la memoria.[54,55] Los niños expuestos a adversidades en etapas tempranas de la vida muestran, también, una hiperactividad en la amígdala del lóbulo temporal: esto puede observarse mediante un equipo de resonancia magnética que mide los cambios en la señal cerebral mientras el niño mira fotografías de rostros con gestos de ira.[55,56]

Hasta el momento hemos expuesto ideas generales acerca de cómo reacciona el cerebro humano frente a las amenazas y la privación social, en especial cuando esto ocurre en etapas tempranas del desarrollo físico y psicológico. Todos estos cambios son indispensables para entender cómo se genera el trastorno depresivo mayor, por cual es necesario que hagamos una exposición más detallada que tratará de contestar las siguientes preguntas:

¿Cómo es la reacción cerebral del organismo frente al estrés?

¿Cómo es la reacción hormonal?

¿Existe una reacción inmunológica al estrés?

¿Ocurren cambios en el metabolismo de un individuo sometido a amenazas severas en etapas tempranas de la vida?

¿De qué manera interactúan los genes y el ambiente para determinar toda esta cadena de eventos cerebrales, hormonales, inmunológicos y metabólicos?

La respuesta corporal al estrés:
identificando la amenaza

Una de las cosas que aprendemos al estudiar la fisiología corporal es que todo nuestro cuerpo reacciona frente a un peligro. En otras palabras, la reacción al estrés no es un mecanismo exclusivo de nuestra psicología, sino que incluye a todos nuestros órganos. Este proceso es coordinado por el cerebro. Mediante un diseño desarrollado por la evolución filogenética (es decir, la evolución de las especies), y mediante al aprendizaje individual, ciertas señales del ambiente se identifican como amenazas. La información es captada por receptores sensoriales que tenemos en la piel, en el oído, en los ojos, en la nariz, incluso en la boca. Esta información viaja desde los órganos de los sentidos hasta la corteza cerebral, donde se localizan las cortezas sensoriales primarias. Aquí inicia una doble ruta: por una parte, las estructuras cerebrales que participan en la cognición nos dirán qué objeto se encuentra en el entorno frente a nosotros. Por otra parte, las estructuras de nuestro cerebro emocional nos dirán cómo se siente nuestro organismo frente a ese objeto.

Algunos estímulos del entorno probablemente se identifican como amenazantes de forma universal, (casi) al margen de la cultura y el aprendizaje. Por ejemplo, si los receptores de nuestro organismo nos informan que estamos cayendo, eso desencadena de inmediato una reacción psicológica y física frente al estrés, lo que llamaré una reacción psicofisiológica. Otro ejemplo sería el momento en que un niño acerca la mano al fuego. Independientemente de la cultura y el aprendizaje, el niño o la niña experimentará una intensa reacción de desagrado y retirará la mano. Sin embargo, hay algunas circunstancias que cuestionan la universalidad de estas reacciones emocionales.

En primer lugar, hay problemas clínicos como la insensibilidad congénita al dolor, una enfermedad de los nervios periféricos que causa una incapacidad para captar las señales nocivas asociadas generalmente al dolor.[57] Es una condición muy infrecuente porque puede parecer una situación deseable, pero en realidad pone al individuo en riesgo de sufrir graves lesiones en las extremidades. Todo eso nos recuerda que el dolor, a pesar de su naturaleza desagradable, es necesario para la supervivencia y la integridad del organismo. Hay otras enfermedades en las cuales es posible perder la sensibilidad al dolor. Una de ellas es la diabetes mellitus, especialmente en casos avanzados.

Hay una condición médica que puede ilustrarse con una anécdota de la novela histórica *El ángel de la ventana de Occidente*, del autor checo Gustav Meyrink. La historia sucede en tiempos medievales. Un obispo persigue a un grupo de herejes que han puesto en duda la capacidad de la Iglesia católica para mantener el orden en la comunidad. El obispo odia al líder del grupo rebelde, quien logra escapar después de múltiples disturbios. Cuando finalmente lo atrapa y anticipa el placer sádico de la ejecución de su enemigo, elige como gran final una muerte en la hoguera, para dar una lección pública. Sin embargo, en la hoguera el hereje rebelde no da muestras de dolor o congoja. Al contrario, se ríe del obispo y lo maldice. En tales condiciones, el hereje confiesa que padece la enfermedad conocida popularmente como "lepra", por lo cual no siente dolor en la hoguera.

Aunque *El ángel de la ventana de Occidente* es una obra de ficción sombría que pertenece al género de la literatura gótica, pone de relieve dos cuestiones: en primer lugar, que la enfermedad mal llamada "lepra" (en el ambiente médico se le llama enfermedad de Hansen, en honor al descubridor de sus causas, y para evitar el estigma asociado con el nombre) fue un padecimiento frecuente y temido en la Edad Media. En segundo lugar, que la enfermedad de Hansen puede condicionar una incapacidad adquirida para sentir dolor. De hecho, esto sucede cuando la bacteria que causa la enfermedad, conocida como *mycobacterium leprae*, ataca los nervios periféricos.[58]

Los estímulos nocivos son captados por receptores localizados en la piel y en otros órganos corporales conocidos como "nociceptores", los cuales toman la forma de "terminaciones nerviosas libres". Estos receptores transforman los estímulos del ambiente en impulsos nerviosos, que son señales electroquímicas que viajan por los nervios periféricos hasta la médula espinal, y desde ahí hasta el cerebro, en donde se procesan en varias estructuras: en el tálamo, que es como un filtro para las sensaciones corporales en general, así como en la corteza parietal, que localiza el dolor y le asigna características específicas.[59] El dolor también es procesado por el sistema límbico o "cerebro emocional", que le otorga relevancia y valor emocional: es decir, nos dice qué tan desagradable es la sensación. Cuando algunas partes de este cerebro emocional se lesionan como resultado de algunas enfermedades, es posible que ocurra un síndrome llamado "asimbolia al dolor", en el cual el individuo dice que siente dolor, pero no le molesta (figura 5).[60]

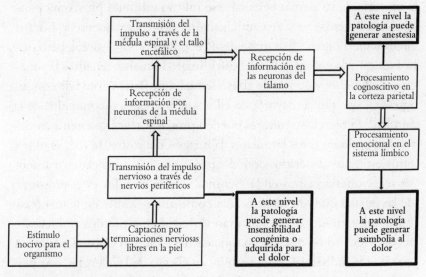

Figura 5. Resumen simplificado del camino de una señal nociva a través del sistema nervioso, tomando como ejemplo el caso del dolor. También se indican las alteraciones que ocurren en caso de patología.

Por último, es importante reconocer que además de la insensibilidad congénita o adquirida al dolor, y de la asimbolia al dolor, también es verdad que cada individuo genera grados variables de resistencia al malestar, en función de sus aprendizajes personales. Hay sujetos que mantienen una alta sensibilidad a lo largo de la vida, y personas que se vuelven muy tolerantes al dolor o incluso lo disfrutan, como es bien sabido. Mientras una persona adulta puede llorar tan sólo al pensar que debe ir al dentista, otro individuo puede pedir al cirujano odontólogo que realice sus intervenciones sin anestesia, porque el dolor resulta estimulante. En verdad, uno de los temas más interesantes para la psicofisiología es la variabilidad de las reacciones humanas.

Si bien el dolor es el prototipo de las señales que son identificadas como amenazantes de forma (casi) universal, también existe una gran variedad de estímulos ambientales reconocidos como nocivos en función del contexto cultural o la historia de vida individual. Por ejemplo, en el caso de las alergias, una persona puede tener reacciones fisiológicas de desagrado intenso si se le presenta un estímulo alergénico, como pude ser un alimento en particular: digamos, un chocolate. Para la mayoría de las demás personas ese mismo estímulo provocará pensamientos agradables y una anticipación fisiológica placentera. En una circunstancia mucho más grave desde el punto de vista moral, pero que nos muestra la complejidad del sufrimiento humano, tenemos la situación de muchas víctimas de abuso sexual, que deben convivir con sus agresores, ya que la mayoría de ellos son familiares o conocidos de la familia.[61] Si bien los agresores pueden provocar reacciones emocionales de agrado en otros familiares, la imagen del rostro, la voz, el olor y otros estímulos asociados con el agresor pueden desencadenar intensas reacciones aversivas en la víctima. Si bien el dolor es el prototipo de las señales que son identificadas como amenazantes en forma (casi) universal, también existe una gran variedad de estímulos ambientales reconocidos como nocivos en función del contexto cultural o la historia de vida individual. Por ejemplo, en el caso de las alergias, una persona puede tener reacciones fisiológicas de desagrado intenso si se le presenta un estímulo alergénico, como puede ser un alimento en particular: digamos, un chocolate. Para la mayoría de las demás personas ese mismo estímulo provocará pensamientos agradables y una anticipación fisiológica placentera. En una circunstancia mucho más grave desde el punto de vista moral, pero que nos muestra la complejidad del sufrimiento humano, tenemos la situación de muchas víctimas de abuso sexual, que deben convivir con sus agresores, ya que la mayoría de ellos son familiares o conocidos de la familia.[61] Si bien los agresores pueden provocar reacciones emocionales de agrado en otros familiares, la imagen del rostro, la voz, el olor y otros estímulos asociados con el agresor suelen desencadenar intensas reacciones aversivas en la víctima. Esto revela una característica importante de la memoria humana en relación con las emociones: hay un aprendizaje emocional en cada individuo y esto es altamente dependiente de la historia personal. Desde el punto de vista de las neurociencias, la gran capacidad cerebral para almacenar recuerdos con un significado emocional específico para cada estímulo del entorno se relaciona con la gran cantidad de relevos en las redes neuronales del sistema nervioso humano: a diferencia de otras especies que sólo tienen reacciones estereotipadas frente a estímulos del ambiente, bajo un estricto programa genético, el ser humano tiene un sistema genéticamente programado para ser flexible y plástico, lo cual le permite tener aprendizajes individuales que aumentan su capacidad individual para la adaptación a circunstancias cambiantes del ambiente.[62]

En los tiempos en que se formó nuestro sistema nervioso existían amenazas ambientales en el entorno natural que significaron presiones de supervivencia formidables. Cambios climáticos drásticos, escasez de alimentos, combates con depredadores y con otros grupos humanos. Todo eso contribuyó a modelar un cerebro equipado con un sistema neural altamente reactivo a las amenazas. ¿Pero qué sucede hoy en día? El mundo ha cambiado en los últimos miles de años, y nuestro entorno es radicalmente diferente. Sin embargo, nuestro diseño genético al parecer es el mismo que era cuando surgió el *homo sapiens*, y por lo tanto la forma y estructura básica de nuestro sistema nervioso también lo es. ¿Cuáles son las amenazas que ponen a nuestro organismo en estado de emergencia en el mundo contemporáneo? ¿Y cómo responde nuestro organismo a estas nuevas amenazas?

Los depredadores
del mundo contemporáneo

Nuestro cerebro está diseñado para generar poderosas reacciones químicas y eléctricas frente a las amenazas del entorno. Cuando el *homo sapiens* surgió como resultado de un proceso evolutivo, nuestro organismo necesitaba adaptarse a un ambiente peligroso y hostil, lleno de bestias y amenazas naturales, ante las cuales nuestro sistema nervioso podía echar a andar el mecanismo clásico conocido como "lucha o huida". En el mundo contemporáneo, estos mecanismos no tienen la misma efectividad, pues las amenazas son de una naturaleza sumamente diferente. En el caso de los depredadores animales, hoy en día la mayoría están extintos o en vías de extinción. Los verdaderos depredadores del ser humano son otros seres humanos. Hay un viejo refrán filosófico que dice: "El hombre es el lobo del hombre". "Y de la mujer", dirían con toda razón las pensadoras feministas. En otras palabras, para entender el problema de la depresión mayor tenemos que estudiar el problema de la violencia en nuestras sociedades, y lo haré mediante un breve análisis en tres niveles: la violencia en la comunidad, la violencia en el ambiente familiar, y finalmente los fenómenos de abuso y maltrato sexual (cuyas víctimas generalmente son mujeres y niños). Iremos de lo público a lo privado. En primer lugar, entonces, voy a referirme a la violencia como un problema global.

Hay grandes variaciones entre países en lo que se refiere a la tasa de homicidio intencional, que se considera la medida más confiable de la violencia en un país, aunque no es la única. Otros delitos, como el secuestro o la violación, tienen cifras menos confiables porque suele haber un subregistro.

Las regiones más violentas del mundo corresponden a América Latina, Rusia y algunos países del África subsahariana. En la tabla 4 se pueden comparar las cifras entre algunos países de Europa, América Latina y otras regiones, entre los años 2000, 2010 y 2015. Hay cifras no disponibles en algunos de los años. Los datos fueron tomados de la página web del Banco Mundial, que a su vez tomó los datos de la Oficina de las Naciones Unidas para las Drogas y el Crimen. La información es pública y puede consultarse en la página web del banco mundial.[19]

Tabla 4. Tasa de homicidio anual por 100 mil habitantes, en diferentes países, en los años 2000, 2010 y 2015

País	2000	2010	2015
Argentina	...	...	6.5
Australia	1.9	1.0	1.0
Brasil	...	21.8	26.7
Chile	...	3.2	...
China	...	1.0	
Colombia	65.7	32.7	26.5
Costa Rica	6.3	11.6	11.8
Cuba	...	4.5	...
El Salvador	40.3	66.0	108.6
España	1.4	0.9	0.7
Estados Unidos	5.5	4.8	4.9
Francia	1.8	1.3	1.6
Guatemala	24.8	40.5	...
Honduras	50.9	83.1	63.8
Israel	2.4	2.0	1.4
Jamaica	34.1	52.8	43.2
Kenia	...	5.6	5.8
Líbano	...	3.8	3.9
México	10.4	21.7	16.3
Perú	5.0	9.2	7.2
Rusia	...	16.0	11.3
Sudáfrica	48.5	30.9	34.3
Venezuela	32.8	45.1	57.1

Para que la información pueda compararse entre países con tamaños distintos de población, y entre diferentes momentos de tiempo, la información se expresa como una tasa de homicidio por 100 mil habitantes. Por cada 100 mil personas, ¿cuántas personas mueren en un año como resultado de un homicidio? En España, en el año 2000, morían 1.4 personas, y en Australia morían 1.9 personas (casi dos) por cada 100 mil habitantes, mientras que en Colombia eran asesinadas 65.7 personas, como resultado del crimen organizado, en términos generales. Aunque las cosas no han mejorado por completo en ese país, sí se observa una tendencia a la mejoría, ya que la tasa bajó a 26.5 en 2015. Por el contrario, otras naciones de América Latina muestran un empeoramiento de la violencia: por ejemplo, El Salvador, Guatemala, Honduras, México y Venezuela. Otros países como Brasil, Jamaica o Sudáfrica también se encuentran en una situación alarmante, al contrario de lo que sucede en Australia, China, España, Francia o Israel. En términos de violencia, Estados Unidos y Cuba parecen equivalentes, aunque son países antagónicos en materia política y económica.

Es necesario conocer y discutir el panorama global de la violencia, porque este fenómeno es uno de los que se relacionan de forma directa con la salud mental de una población. En los países donde hay incrementos en la violencia suele haber también un aumento en problemas clínicos como el trastorno por estrés postraumático y otros trastornos mentales. Esto sucede de varias maneras. En primer lugar, la experiencia del duelo en los familiares de las víctimas es un poderoso factor de riesgo para el desarrollo de depresión mayor.[63] Por otra parte, la transmisión de información relacionada con la violencia en la comunidad puede generar un fenómeno de contagio emocional de miedo y otras emociones negativas que generan un clima de malestar social.[64] Aun en las personas que no son víctimas de la violencia social, o familiares de las víctimas, la observación prolongada de la violencia puede generar alteraciones de la salud mental, como lo mostró un estudio con periodistas de guerra. El 28% de los periodistas experimentó trastorno por estrés postraumático; 21% presentó depresión mayor, y se documentó un aumento en el consumo de alcohol.[64]

El sentido común nos dice que las personas expuestas de forma directa a la violencia tienen mayores problemas de salud mental. La violencia de pareja es un fenómeno muy puntual donde podrían documentarse alteraciones afectivas, y quizá incluso repercusiones sobre la estructura y la función cerebral. ¿Sucede realmente así? ¿Cuál es la magnitud de este problema?

Los depredadores del mundo privado

Aunque los efectos nocivos de la violencia de pareja son evidentes para el sentido común en nuestra sociedad contemporánea, sólo en fechas recientes se han denunciado públicamente, y han comenzado a estudiarse de forma sistemática, desde la perspectiva de la salud y de las neurociencias. Por supuesto, los profesionales de la psicoterapia insistieron en la magnitud de este problema a lo largo del siglo xx, y de manera muy especial los autores que trabajan desde enfoques como el feminismo o las escuelas psicodinámicas. Las herramientas actuales para estudiar la salud, como la epidemiología psiquiátrica y las imágenes cerebrales, han dado un fuerte apoyo científico a las observaciones de quienes trabajan en el ámbito de la psicoterapia, que es un ambiente donde la intimidad de las relaciones humanas permite sacar a la luz problemas muy personales como el abuso sexual. De esta manera, las primeras recolecciones que se tienen acerca de este problema son testimonios. En fechas recientes se ha avanzado en la sistematización y el estudio objetivo con métodos científicos, que nos permiten afirmar que el abuso sexual, especialmente cuando sucede en etapas tempranas de la vida, afecta no sólo las emociones, sino en general la salud física y mental.

Un punto de partida indispensable se refiere a la estrecha relación entre la violencia física de pareja y el suicidio. La Organización Mundial de la Salud abordó el tema en un célebre documento titulado

Salud mental: un nuevo entendimiento, nuevas esperanzas.[65] En la tabla 5 se resumen los resultados de encuestas realizadas para conocer la relación entre el antecedente de violencia de pareja y el desarrollo de ideas o planes suicidas.

Tabla 5. Porcentaje de mujeres que ha considerado suicidarse, en relación con la violencia de pareja

País	*Grupo de mujeres que han experimentado violencia de pareja alguna vez. ¿Qué porcentaje ha considerado suicidarse?*	*Grupo de mujeres que nunca han experimentado violencia de pareja. ¿Qué porcentaje ha considerado suicidarse?*
Brasil (n = 940)	48	21
Chile (n = 422)	36	11
Egipto (n = 631)	61	7
Filipinas (n = 1001)	28	8
India (n = 6327)	64	15
Indonesia (n = 765)	11	1
Perú (n = 1088)	40	17
Tailandia (n = 2073)	41	18

Como puede verse, la pregunta es ¿qué porcentaje de las mujeres ha considerado suicidarse? Junto al nombre de cada país, aparece el tamaño de la muestra, es decir, el número de mujeres que fueron incluidas en el estudio (entre paréntesis y usando como abreviatura la letra "n" que significa el número de mujeres estudiadas). A continuación, la tabla nos informa qué porcentaje de mujeres pensó en suicidarse dentro del grupo que ha padecido violencia de pareja, en comparación con el grupo que no ha padecido violencia física de pareja. En todos los casos, el porcentaje es abrumadoramente mayor en el grupo de las víctimas de violencia. Por ejemplo, en el caso de la India, que es el país con un tamaño de muestra más grande, 15% de las mujeres sin violencia de pareja ha contemplado suicidarse, en comparación con 64% de las que sí han sido víctimas de violencia. ¡Es decir, la probabilidad se cuadruplica! En esta tabla, Filipinas tiene las cifras más bajas de lo que podemos llamar "intención de suicidarse".

Si esto se debe a que esta población tiene algún factor de protección biológico o cultural, realmente no lo sabemos, porque las cifras bajas también podrían deberse a que las mujeres no se atreven a hablar de la intención suicida. En todo caso, sólo 1% de las mujeres que no son víctimas de violencia admiten haber considerado el suicidio, mientras que 11% de las víctimas expresan la intención suicida. Es decir, hay un riesgo 10 veces mayor entre las víctimas, aun cuando las cifras son más bajas que en otros países. Los estudios epidemiológicos, como el que reproduzco a partir de la Organización Mundial de la Salud, nos dicen que hay una clara relación estadística entre violencia de pareja y la intención de suicidarse. ¿Sabemos lo que ocurre en el cerebro de las víctimas?

Actividad cerebral en víctimas
de violencia de pareja

Los estudios epidemiológicos han mostrado una evidente relación estadística entre violencia de pareja y la intención de suicidarse.[65] ¿Qué ocurre en el cerebro de las víctimas? Un estudio realizado en la Universidad de California en San Diego estudió a 12 mujeres que sufrieron maltrato físico por parte de sus parejas, en comparación con 12 mujeres sin esa condición.[66] La técnica de estudio fue lo que se conoce como resonancia magnética funcional, una técnica que permite evaluar la respuesta hemodinámica (es decir, las variaciones en el flujo sanguíneo cerebral) frente a cambios en la actividad cerebral, inducidos mediante una tarea intelectual, emocional, sensorial o motora. En este caso, la tarea consistía en observar rostros atemorizados en comparación con rostros felices, y también en observar rostros masculinos o femeninos. Durante el experimento, las mujeres se encontraban dentro de un equipo de resonancia magnética, con el cual se obtienen imágenes cerebrales muy detalladas. Con este método, se pudo observar lo siguiente:

1) Al mirar los rostros atemorizados o felices, las víctimas tenían un aumento en la actividad de dos estructuras cerebrales: la amígdala del lóbulo temporal, y la ínsula, en comparación con las mujeres que no habían sufrido violencia de pareja. Estas regiones del sistema nervioso forman parte del sistema lím-

bico, procesan emociones negativas como el miedo y están involucradas en la respuesta fisiológica a las amenazas: palpitaciones, sudoración, boca reseca, aumento de la presión arterial.

2) Al observar rostros masculinos en comparación con rostros femeninos, las víctimas tenían un aumento en la actividad de la corteza anterior del cíngulo en su parte dorsal. Ésta es una región que se activa durante estados de ira y miedo. En las mujeres que no eran víctimas de violencia de pareja no se observó esa respuesta.

3) En conjunto, los resultados del estudio de la Universidad de California mostraron cambios objetivos, visibles, en la respuesta cerebral de estructuras involucradas en reacciones emocionales como la ira y el miedo, lo cual se asoció con estados clínicos de "hipervigilancia", es decir, con una mayor sensibilidad frente a claves relacionadas con el maltrato, como la presentación de un rostro masculino. Aunque las fotografías de hombres que aparecían durante el experimento no eran las de los agresores, el cerebro de las víctimas reaccionaba como si se tratara de hecho de estímulos amenazantes, como si estuvieran frente a un peligro.

Al estudiar los efectos de la violencia sobre la salud, hemos observado primero el panorama global del homicidio, y enseguida el fenómeno de la violencia de pareja. Como todos sabemos, hay un tipo de violencia aún más íntima, que ocasiona graves problemas de salud mental, así como alteraciones en el funcionamiento cerebral, todo lo cual es uno de los muchos factores que pueden contribuir al origen de la depresión mayor. Nos referimos a un tema difícil, pero que merece toda la consideración social y el rigor científico: el abuso sexual.

Abuso sexual y depresión mayor

Cuando estudiamos los problemas sociales que influyen en la salud mental, específicamente en la formación de la depresión mayor, la doctora Margaret Sheridan, hemos señalado, propone dos ejes: la privación social y la amenaza. En el eje de la amenaza se encuentra en el sentido más amplio el homicidio intencional en el mundo, con sus grandes variaciones entre países; en segundo lugar, encontramos la violencia de pareja, que influye poderosamente para formar lo que hemos llamado "intención suicida", y que altera en forma objetiva el funcionamiento de ciertas redes cerebrales relacionadas con las señales de peligro. Finalmente, debemos dedicar un espacio a un siniestro tipo de violencia que sucede en lo más íntimo de las relaciones humanas. Nos referimos al difícil tema del abuso sexual.

Como punto de partida para la discusión, me referiré a un estudio realizado por el equipo de la doctora Jutta Lindert, quien ha investigado en Alemania y en otros países de Europa las repercusiones de varios conflictos sociales sobre la salud mental. En 2014 publicó los resultados de un metaanálisis acerca del abuso sexual y la depresión.[67] Esto significa que combinó matemáticamente los resultados de 19 estudios publicados entre 2002 y 2012, que incluían un total de 115 mil 579 personas, algunas de las cuales habían sufrido abuso sexual antes de los 16 años de edad, y otras no. Después de los 16 años de edad, algunas personas desarrollaron depresión o ansiedad. El estudio compara la frecuencia de depresión (y ansiedad) en las personas que sí tenían el antecedente de abuso en comparación con la frecuencia de depresión en quienes no tenían el antecedente. Los resultados se expresan en estos casos usando una medida estadística conocida como "*odds ratio*" o "razón de momios", que compara la probabilidad de que un grupo de estudio (los casos) tenga un desenlace en comparación con otro grupo (los controles). La doctora Jutta Lindert observó lo siguiente: la razón de momios para la depresión fue de 2.04, y de 2.52 para la ansiedad. Dicho con el lenguaje más sencillo posible, podemos decir que las personas con antecedente de abuso sexual antes de los 16 años de edad tienen el doble de riesgo de tener depresión, y más del doble de riesgo de tener ansiedad. Además de la importancia puramente científica de estos resultados, es decir, de la certeza que ganamos al contar con cifras precisas y obtenidas con métodos reproducibles por otros investigadores, el estudio de Jutta Lindert también puede servir para la planeación de políticas públicas y programas de salud, para detectar y tratar de forma oportuna los problemas de salud mental en las víctimas.

Algunas investigaciones preliminares con métodos neurocientíficos han mostrado que el abuso sexual podría generar alteraciones prolongadas en la estructura y la función del sistema nervioso, en especial cuando ocurre durante la infancia. En la ciudad de Boston, el equipo de la doctora Akemi Tomoda estudió a 23 mujeres con antecedente de abuso sexual en la infancia, así como mujeres que tenían un perfil demográfico similar, pero que jamás sufrieron abuso.[68] Se realizaron estudios para analizar la estructura cerebral, mediante imagenología por resonancia magnética. La doctora Tomoda buscó diferencias entre los dos grupos en una medida conocida como grosor cortical, que evalúa el grosor de la corteza cerebral. Los resultados fueron inesperados, ya que sí se encontraron diferencias entre los grupos, pero éstas no se localizaban en regiones relacionadas con las emociones o con el pensamiento: más bien había una reducción de 12 a 18% en el grosor de la corteza occipital, que es una zona especializada en la visión. Hay que decir en que el estudio es preliminar, y se requiere que sea replicado por otros grupos de investigación. Aunque el estudio fue realizado con métodos adecuados, y se publicó en una de las revistas científicas de mayor prestigio en el campo de las neurociencias clínicas (*Biological Psychiatry*), se requiere que otros grupos independientes, en otros hospitales y universidades, obtengan los mismos hallazgos al usar métodos similares. En todo caso, la doctora Akedi Tomoda y su equipo de investigadores, quienes trabajan en el hospital McLean y en la Universidad de Harvard, elaboraron una hipótesis para explicar sus resultados: de acuerdo con ellos, es probable que el grave estrés que significa el abuso sexual en edades tempranas tenga consecuencias sobre los sistemas sensoriales. Específicamente, el cerebro del niño podría reducir el estrés nocivo atenuando el desarrollo de los sistemas sensoriales y de las vías a través de las cuales se repiten las experiencias traumáticas. ¿Podría ser que la reducción en el grosor de la corteza visual sea el resultado de un mecanismo adaptativo durante un periodo crítico del desarrollo? Ésa es de hecho la propuesta elaborada en otro estudio, también realizado en la Universidad de Harvard, con la participación de la doctora Akemi Tomoda: 26 mujeres con abuso sexual infantil fueron estudiadas mediante imágenes cerebrales, y los resultados mostraron que diferentes regiones podrían tener "ventanas únicas de vulnerabilidad para los efectos del estrés traumático".[69] Por ejemplo, si el abuso sexual ocurre en edades más tempranas, entre los tres y los cinco años, las principales consecuencias podrían ocurrir en el hipocampo, que tiene una participación relevante en el proceso de la memoria. Si el abuso sucede entre los 14 y los 16 años de edad, la estructura que puede resultar afectada es la corteza frontal, que se relaciona principalmente con la capacidad para planear y regular el comportamiento de acuerdo con las situaciones cambiantes del entorno.

Estas investigaciones confirman que el abuso sexual tiene repercusiones en la salud mental, pero también nos muestran que los efectos alcanzan de forma duradera la profundidad del sistema nervioso. Es importante saber esto, ya que hay muchas personas, incluso médicos, que subestiman los efectos del abuso sexual. Se trata de un tema muy sensible por su problemática intrínseca, pero también por la cultura de impunidad que protege a los victimarios y desprotege a las víctimas.

Es importante aclarar que las investigaciones científicas no pretenden sustituir el trabajo indispensable de las personas que se involucran en el activismo, los derechos humanos y el trabajo terapéutico. Desde mi punto de vista, lo más importante es escuchar a las víctimas y apoyar las actividades terapéuticas. Se requiere, en general, una organización colectiva que permita erradicar el problema. Las investigaciones en neurociencias tan sólo nos ayudan en este sentido a conocer las repercusiones físicas y mentales del abuso, y con un poco de suerte, a diseñar alternativas terapéuticas y a conocer los factores de resiliencia que pueden facilitar la recuperación temprana de las víctimas.

Hay otra circunstancia en la biografía de muchos individuos que se relaciona de forma estrecha con la depresión mayor. Se trata del maltrato infantil, que incluye con frecuencia al abuso sexual, aunque también incluye otras situaciones, como la violencia física intrafamiliar, a cargo de los padres o de otros familiares. Como veremos en los siguientes capítulos, el maltrato infantil desata una cadena de eventos que afecta la estructura del sistema nervioso, su función, la salud mental y algunas dimensiones de la salud física: en particular, ocurren efectos inesperados de inflamación no sólo a nivel cerebral, sino en todo el organismo. También veremos que pueden ocurrir anormalidades metabólicas de largo plazo, es decir, un mayor riesgo de sobrepeso, obesidad, diabetes mellitus, y de alteraciones en el equilibrio de las grasas corporales. El cuerpo en su conjunto sufre las consecuencias del maltrato en el largo plazo.

Maltrato infantil y depresión mayor

Entre abril de 1972 y marzo de 1973 nacieron mil 37 personas en Dunedin, Nueva Zelanda: 48% eran mujeres y 42% eran hombres. Fueron incluidos en uno de los proyectos más ambiciosos de la epidemiología psiquiátrica: el Estudio Multidisciplinario Dunedin de Salud y Desarrollo. Se les estudió a los 3, 5, 7, 9, 11, 13, 15, 18, 21, 26 y 32 años de edad. Entre los años 2004 y 2005, mil 15 miembros originales del estudio seguían vivos; de éstos, 972 aceptaron participar en un estudio acerca de los efectos físicos y psicológicos a largo plazo del maltrato infantil. El trabajo se publicó en 2009 en la revista *Archives of Pediatrics and Adolescent Medicine*.[70]

La ciudad de Dunedin se fundó en 1948, y tuvo un crecimiento rápido, entre otras cosas, como consecuencia del descubrimiento de minas de oro. Hoy en día tiene un poco más de 100 mil habitantes. Se trata de un hermoso puerto localizado en la Isla Sur de Nueva Zelanda. Tiene altos índices de desarrollo humano, a pesar de lo cual algunos individuos incluidos en el estudio tuvieron experiencias adversas durante la infancia:

a) El 19.7% padeció malas condiciones socioeconómicas.
b) El 26.7% tuvo maltrato probable, y 9.6% padeció maltrato confirmado.
c) Adicionalmente, algunos niños vivieron en condiciones de aislamiento social.

En otro artículo, los investigadores clasificaron a los miembros del estudio como portadores de una, dos o tres experiencias adversas en la niñez, tomando en cuenta la pobreza, el maltrato y el aislamiento. También midieron tres desenlaces a los 32 años de edad: por una parte, la presencia de depresión mayor, pero también dos medidas de la salud física: el grado de inflamación en el organismo de cada individuo, a partir de una proteína que se conoce como C reactiva, la cual se eleva en la sangre cuando hay problemas inflamatorios como infecciones, heridas, traumatismos físicos. Finalmente, los investigadores tomaron algunas medidas del estado metabólico del organismo, como el sobrepeso, el colesterol, la presión arterial, y la hemoglobina glucosilada, que se considera un indicador confiable del balance de glucosa y, por lo tanto, una medida estrechamente asociada a la diabetes mellitus. El resultado del estudio, obtenido mediante un riguroso análisis estadístico, fue contundente: los niños expuestos a las experiencias adversas tuvieron una mayor frecuencia de depresión mayor décadas después, pero también niveles más altos de inflamación, así como más problemas metabólicos. ¿Qué tan fuerte fue la relación? ¿Se puede saber algo más acerca de la relación específica entre el maltrato y estos desenlaces patológicos? Según el estudio:

1) Los niños con desventajas socioeconómicas tenían 89% más riesgo de presentar los desenlaces negativos para la salud a los 32 años, en comparación con quienes no tenían desventajas socioeconómicas.

2) Los niños con maltrato tenían 81% más riesgo que los niños sin maltrato de presentar desenlaces negativos para la salud, a los 32 años.

3) Los niños con aislamiento social tenían 87% más riesgo de presentar desenlaces negativos para la salud, a los 32 años, en comparación con los niños sin aislamiento social.

En otro estudio, los investigadores del Estudio Multidisciplinario Dunedin de Salud y Desarrollo, dirigidos por Avshalom Caspi, publicaron un análisis de los datos enfocado exclusivamente en el problema del maltrato, la depresión y la inflamación. Inicialmente, se puede observar que los sujetos con depresión mayor tienen mayores niveles de inflamación que los individuos sin depresión. Al profundizar en el análisis, los autores reportaron que esto se debía al efecto del maltrato en la infancia; es decir, los sujetos con depresión, pero sin antecedente de maltrato, no tenían niveles de inflamación significativamente elevados.[71] ¿Se ha confirmado esto en otros países, por otros grupos de investigación?

Un estudio publicado en 2017 por un grupo de investigadores ingleses[72] mostró nuevos resultados acerca de este problema. Algunos de sus hallazgos eran ciertamente inquietantes, porque se refieren a una posible vulnerabilidad de las mujeres para desarrollar problemas inflamatorios, como consecuencia del maltrato infantil. En Inglaterra 2 mil 232 personas nacidas fueron seguidas desde el nacimiento hasta los 18 años. Una vez más, la inflamación fue evaluada mediante la proteína C reactiva, que es una prueba barata y fácil de obtener en la sangre de las personas que participan en un estudio. El maltrato infantil se asoció a niveles más altos de inflamación, pero cuando el análisis se realizó separando a los hombres de las mujeres, ellos no tenían niveles significativamente más altos de proteína C reactiva en respuesta al maltrato infantil, mientras que en ellas, la relación entre maltrato y niveles altos de la proteína era muy evidente. Esta relación se observó en las mujeres, independientemente de la clase social.[72] Esto es especialmente importante, si recordamos que uno de los mayores problemas de nuestra sociedad es el maltrato a las mujeres. ¿Por qué razón las mujeres víctimas de maltrato tenían niveles más altos de inflamación que los hombres víctimas de maltrato? En realidad, el estudio no nos da una respuesta a esa pregunta: tan sólo muestra que, según sus datos, así sucede. Una posibilidad es que las mujeres tengan algún mecanismo biológico capaz de generar más estados de inflamación y depresión frente al maltrato. La otra posibilidad es que la "dosis" del maltrato haya sido mayor en las mujeres que participaron en el estudio, en comparación con los hombres. Esto no es improbable, si consideramos que la nuestra es una sociedad altamente sexista.

Por otra parte, tanto en hombres como en mujeres, el estudio inglés confirmó la asociación del maltrato en la infancia no sólo con la depresión mayor a los 18 años, sino también con otros problemas emocionales y del comportamiento: dependencia al alcohol y la marihuana, ansiedad y lesiones autoinfligidas. En general estos trastornos suelen tener una gran relación entre sí.[73]

A mi juicio, los hechos presentados por estos investigadores, líderes en el campo de la epidemiología psiquiátrica, nos muestran que pisamos terreno firme cuando decimos que el maltrato en la infancia se asocia no sólo con el desarrollo de depresión en la vida adulta, sino también con otros problemas emocionales y de conducta, como la ansiedad, las lesiones autoinfligidas, la dependencia a drogas, y más aún, con problemas de salud física como la inflamación y las alteraciones metabólicas. ¿Debemos mirar otra vez hacia los estudios generados por el campo de las neurociencias para entender mejor esta constelación patológica? ¿Cuáles son los efectos del maltrato sobre las estructuras cerebrales y sobre la fisiología de nuestro organismo?

Los efectos cerebrales del maltrato

La epidemiología psiquiátrica nos muestra que hay una relación causal entre el maltrato infantil y el desarrollo de graves trastornos emocionales y del comportamiento, que generalmente aparecen durante la adolescencia y en la vida adulta. Me refiero a la depresión mayor, la ansiedad, las lesiones autoinfligidas.[73] También hay una relación significativa entre el maltrato infantil y la dependencia a drogas,[73] que de acuerdo con algunos investigadores podría ser un intento fallido de automedicación para remediar la sobrecarga del estrés y sus efectos cerebrales,[74] por lo cual hay una gran proporción de personas con ambos problemas: depresión mayor y adicciones. Las personas con dependencia al alcohol tienen tres veces más probabilidad de padecer depresión, en comparación con personas sin alcoholismo.[75] En todo caso, estudiar los efectos del maltrato sobre el desarrollo de nuestro organismo es una gran oportunidad para comprender los mecanismos biológicos de la depresión mayor.

Me gustaría hacer una pequeña aclaración. Cuando hablo de "los mecanismos cerebrales de la depresión mayor", no quiero decir que las causas de este trastorno sean exclusivamente biológicas; en la historia de las ciencias médicas y psicológicas es común que los investigadores caigan en polarizaciones y reduccionismos para explicar la conducta: como si los problemas de salud mental tuvieran que ser exclusivamente culturales o biológicos. De hecho, si lo vemos con sentido del humor, puede llegar a ser cómica la manera en que los pensadores de estos campos se acusan unos a otros de culturalismo (si la explicación toma en cuenta nada más los factores sociales y culturales) o de biologicismo (si la explicación ignora la existencia de los problemas sociales y se concentra solamente en la bioquímica, la neurofisiología, las variaciones hormonales, y una larga lista de procesos corporales). Lo que trato de plantear ahora es que para entender la génesis de la depresión mayor resulta útil estudiar con el mismo interés los factores biológicos y sociales. Un problema como el maltrato infantil se genera en el ambiente social, en la familia o en la escuela, y en una cultura que lo hace posible. Como vamos a ver, los golpes y el abuso psicológico (y, por supuesto, las agresiones sexuales) tienen efectos no solamente en la piel, los músculos o los huesos: también pueden dejar una marca patológica en el sistema nervioso.

ELECTRICIDAD Y MIEDO

Sabemos bien que en el hogar los niños maltratados sufren golpes y agresiones sexuales, pero también muchas formas de abuso psicológico: por ejemplo, amenazas, insultos, humillaciones. Con el tiempo, los niños asocian las experiencias directas del maltrato, como el dolor, con una serie de estímulos visuales, auditivos o sensoriales que anteceden al dolor. Algunas víctimas de maltrato describen que al escuchar el auto de su padre o madre (la persona que los ha maltratado), o sus pasos, o el ruido de su puerta al abrirse, experimentan sentimientos de terror con muchos síntomas físicos, como sudor en las manos, palpitaciones en el pecho, sensación de falta de aire. Ese conjunto de sensaciones físicas y estados emocionales ocurren antes de la agresión, generalmente en respuesta a estímulos que anuncian la agresión, y se trata de un fenómeno que conocemos como ansiedad anticipatoria. Todo esto sucede porque se forma un condicionamiento basado en el miedo. Le llamamos así al aprendizaje que ocurre en forma involuntaria (y muchas veces sin una conciencia clara del aprendizaje) a través del cual se genera una asociación entre los estímulos anticipatorios (el ruido de las llantas, la puerta) y la experiencia directa del dolor. En este contexto, el dolor funciona como un "castigo". El dolor causa reacciones corporales. En un caso extremo, por ejemplo, puede hacer que la persona orine o defeque. A través del condicionamiento, esas reacciones corporales se presentan desde el momento en que ocurren los estímulos anticipatorios, a los cuales, por cierto, les llamamos claves: por lo general, se trata de claves sensoriales, aunque en muchos casos clínicos las claves que desencadenan la reacción fisiológica pueden ser pensamientos, o recuerdos. Esto es muy desafortunado, porque mantiene a los individuos en un estado de terror intermitente. ¿Cómo se puede estudiar este fenómeno con herramientas científicas? El condicionamiento basado en el miedo implica reacciones fisiológicas, y éstas ocurren mediante la transmisión eléctrica de impulsos nerviosos.

Entre 2014 y 2015, 90 niños y adolescentes con edades entre los seis y los 18 años fueron reclutados en la ciudad de Seattle para participar en un estudio científico de la Universidad de Washington. Se formaron dos grupos: en 35 de estos muchachos se consideró que existían bases suficientes para decir que habían sufrido maltrato; en los otros 55 se consideró que no había ninguna evidencia al respecto. En el grupo que sufría maltrato se encontraron más personas con pobreza, más síntomas de depresión mayor, más síntomas del trastorno conocido como estrés postraumático.[76] Enseguida se hicieron estudios mediante una técnica electrofisiológica. ¿Qué significa esto? En este caso en particular, se diseñó un experimento con algunos ingredientes:

1) El dolor fue descartado como método experimental, por razones éticas. En lugar de eso, los investigadores emplearon una alarma de sonido desagradable, que funciona como un "castigo". Y a la manera de claves sensoriales, se utilizaron luces azules y amarillas. El experimento está diseñado de tal manera que la luz azul anticipa a la alarma desagradable, por lo cual se forma un condicionamiento (basado en el miedo). La luz amarilla, por otra parte, no anticipa a la alarma, por lo cual no se debe formar el condicionamiento con la luz amarilla.[76]

2) Para poder medir el impacto del aprendizaje en la fisiología de los niños y adolescentes que participaron en el estudio, los investigadores usaron un aparato para medir la conducción eléctrica en la piel. Se trata de una "respuesta eléctrica cutánea". La base física para esta respuesta consiste en que la electricidad se transmite mejor a través de la piel cuando hay más humedad. Esto sucede si el individuo tiene sudoración, y la sudoración ocurre, a su vez, cuando hay miedo. Como todos sabemos, en general estas reacciones fisiológicas ocurren sin control voluntario, o sea que la mayoría de las personas no puede impedirlas o provocarlas deliberadamente.[76]

3) Mediante la ciencia tecnológica conocida como imagenología por resonancia magnética, los investigadores estudiaron el tamaño de dos estructuras cerebrales: la amígdala y el hipocampo, porque son centros neurales estrechamente relacionados con el aprendizaje del miedo (en el caso de la amígdala) y la memoria (en el caso del hipocampo).[76]

LOS EFECTOS FISIOLÓGICOS DEL MALTRATO

Los niños sin maltrato mostraron una respuesta eléctrica cutánea claramente distinta cuando se les presentaba la luz azul (que anticipaba el castigo) que cuando se les presentaba la luz amarilla (que no se asociaba a ningún castigo). En otras palabras, la fisiología de estos niños distinguía de forma bien definida entre las claves "amenazantes" y las claves "seguras". Los niños con maltrato, por otra parte, mostraron una respuesta eléctrica cutánea aplanada frente a la luz azul y también frente a la luz amarilla, y podemos decir que su fisiología no distinguía entre las claves "amenazantes" y las claves "seguras". ¿Cómo se interpretaron estos resultados? Según los autores, el maltrato infantil genera una falla para distinguir entre las claves amenazantes y las seguras, lo cual podría reflejar una reacción generalizada de miedo, o una deficiencia en el aprendizaje asociativo, es decir, en la capacidad cerebral para establecer asociaciones relevantes. En cualquiera de los dos casos, podemos decir que el maltrato ha ocasionado una perturbación en los mecanismos fisiológicos que nos permiten aprender a anticipar el castigo de manera racional. Los centros cerebrales responsables de ese tipo de anticipación son la amígdala y el hipocampo. ¿Qué sucede con estas estructuras neurales en las víctimas de maltrato?

LOS EFECTOS ANATÓMICOS DEL MALTRATO

La imagenología por resonancia magnética nos permite hacer mediciones muy precisas para estimar el volumen de las estructuras cerebrales de interés en una investigación. En este caso, los investigadores compararon el tamaño de la amígdala y el hipocampo entre niños con y sin maltrato, y encontraron que los niños maltratados tenían una reducción en el volumen de esos centros cerebrales.[76] Esto explica en buena medida las deficiencias fisiológicas para discriminar entre claves seguras y amenazantes: y es que la amígdala y el hipocampo tienen funciones bien establecidas en el aprendizaje y la memoria. Podemos suponer que estas estructuras son especialmente vulnerables frente al estrés, y que por lo tanto se pueden hallar anormalidades en su constitución o función en personas con depresión mayor. Al suponerlo, estamos formulando una hipótesis, y ya tendremos la ocasión un poco más adelante de verificar si hay evidencia o no al respecto. Sin embargo, hay un tema que queda pendiente y que merece la mayor atención: no todas las víctimas de maltrato tienen el mismo desenlace. Hay algunas personas que sufren pérdidas, abuso o condiciones muy adversas desde edades tempranas, a pesar de lo cual tienen un gran desempeño social en su vida adulta, o que producen una obra artística o científica valiosa, y por lo tanto nos ayudan a comprender mejor las variaciones de la respuesta al estrés. Esto nos ayuda a conocer la resiliencia: es decir, la capacidad de sobreponerse a las condiciones adversas. ¿Hay individuos más vulnerables al estrés? ¿A qué se debe esto? ¿Únicamente a los estilos de educación y crianza, o hay de hecho factores genéticos involucrados en esta cuestión? ¿Realmente hay individuos resistentes a la adversidad?

Resistencia a las pérdidas:
un puente hacia la resiliencia

¿Existen realmente personas capaces de sobreponerse a cualquier adversidad? Una de las cosas que aprendemos como científicos al estudiar grandes grupos humanos de cientos o miles de personas, es que hay toda clase de adversidades, y toda clase de desenlaces. Algunas personas pueden desarrollar depresión mayor, aun sin haber padecido adversidades familiares o sociales; en estas personas hay factores genéticos más prominentes, o enfermedades neurológicas que lesionan en forma directa las estructuras de lo que se llama a veces "el cerebro emocional". Por ejemplo, los individuos con enfermedad de Alzheimer, enfermedad de Parkinson, o con infartos cerebrales, tienen un riesgo mayor de sufrir la depresión mayor, aun si no han tenido adversidades sociales sobresalientes.[77] En todo caso, la historia nos ofrece biografías de mujeres y hombres con una enorme resiliencia, capaces de encontrar la salida frente a graves problemas de vida, que llevan a otros hacia las adicciones, la ansiedad y la depresión, o hacia el suicidio Una de las historias que nos muestra el camino a la resiliencia pertenece a un escritor inglés bien conocido en nuestros tiempos, sobre todo porque escribió *Un mundo feliz*, una novela futurista que pertenece al género de la distopía, ya que plantea un escenario social en donde la conducta de los habitantes es controlada mediante drogas para mantenerlos en un estado de felicidad artificial. Me refiero al escritor inglés Aldous Huxley, quien nació en 1894, en una familia de escritores y científicos.

Huxley heredó una tradición intelectual familiar de enorme riqueza, y hay que aceptar que sus hermanos fueron aún más exitosos que él en vida; su hermano mayor, Julian, fue el primer director general de la UNESCO, y la monarquía británica le otorgó el título de Caballero. El hermano menor de ambos, Andrew, recibió el Premio Nobel de Fisiología y Medicina en 1963.[78] Al parecer, la infancia de Aldous fue casi idílica: "Había una firme amistad con sus hermanos. Aldous adoraba a su madre, quien aparentemente tenía una integridad resplandeciente, una profunda simpatía humana y una gran autoridad".[78] Su vida dio un giro trágico cuando entraba en la adolescencia. Cuando Aldous tenía 14 años, su madre contrajo cáncer. La muerte provocó la separación de la familia, a pesar de lo cual Aldous pudo concentrarse en sus estudios. Sin embargo, cuando tenía 15 años, su vida académica fue interrumpida de forma abrupta por una enfermedad. Sus ojos lucían enrojecidos, y muy pronto perdió la agudeza visual casi por completo.[78] Lo más probable es que haya contraído una *keratitis punctata*, la cual produce una opacidad de la córnea que limita la vista. Sus estudios quedaron interrumpidos, y su preciada colección de libros (ahora inútil) fue enviada a la casa de su padre. Aldous se adaptó con una actitud estoica a la discapacidad visual, y aprendió a leer mediante el sistema Braille, que tiene una ventaja, según él: es posible leer en la noche sin que la mano se enfríe, ya que es posible mantener el libro bajo las cobijas.[78] También usó esa situación para aprender a tocar el piano, algo que puede llegar a aprenderse a partir de la memoria espacial a pesar de serias limitaciones de la vista.[2] La temporada de discapacidad visual duró 18 meses, y la mejoría fue gradual, aunque nunca fue completa. Esta discapacidad le impidió participar en las maniobras bélicas de la Primera Guerra Mundial, aunque prestó sus servicios como voluntario, impartiendo clases y cortando leña. En vez de lamentarse, Aldous buscó por todos los medios la recuperación de la vista. Al empezar la recuperación, insistió en andar en bicicleta, aunque debía hacerlo siguiendo el trayecto de otra persona ya que la falta de una visión panorámica le impedía tomar decisiones para desplazarse por las calles.[78] Lo más sorprendente es que en ese periodo usó una máquina de escribir para redactar una novela de 80 mil palabras que nunca pudo ver, y que ahora es imposible de conseguir. Algunas décadas después, Huxley dedicó unas páginas a la narración de esta experiencia de pérdida visual, en el prólogo de otro libro titulado, precisamente, *El arte de ver*, que publicó a los 48 años, y en donde se puede comprobar que su visión nunca se recuperó totalmente. De hecho, afectaba uno de los temas más sensibles para un escritor: la capacidad para la lectura. Debía usar un lente de aumento, así como unas gotas de una solución con atropina. Con este medicamento la pupila se mantiene dilatada por más tiempo, garantizando una mayor entrada de luz a la retina. De esta manera, Aldous Huxley conseguía que el más eficiente de sus ojos distinguiera los signos de la escritura.

Cuando Aldous tenía 20 años, su hermano Trev cayó en una profunda depresión. Al parecer, se trataba de un joven sensible, generoso, pero con una tendencia a la ansiedad, todo lo cual lo llevó a una hospitalización psiquiátrica, en el mismo lugar donde su hermano Julian Huxley había estado unos años antes.[78] Con esto quiero enfatizar que, si bien la herencia cultural de la familia Huxley era formidable, no podemos decir lo mismo de la herencia neuropsiquiátrica: por lo menos dos hermanos de Aldous sufrieron cuadros psiquiátricos, probablemente de tipo depresivo, suficientemente graves como para llevarlos a la hospitalización. Un sábado de verano, aunque parecía encontrarse de buen ánimo, el hermano de Aldous, Trev, salió a dar una caminata y nunca regresó. Una semana después su cuerpo fue encontrado: se había ahorcado. El cadáver colgaba de un árbol.

A pesar de esas pérdidas y las limitaciones en su salud, Aldous Huxley desarrolló una carrera ambiciosa dedicada a las letras. Fue un autor muy prolífico: en vida publicó 24 volúmenes de ensayo, 10 novelas, seis libros de relatos y seis volúmenes de poesía.[79]

Según sus propias palabras, además de la cultura y la creación literaria, otro factor significativo en sus capacidades de resiliencia fue el descubrimiento de una forma de espiritualidad orientalista conocida como Vedanta, tal como puede apreciarse en su obra *La filosofía perenne*. Tras la muerte por cáncer de su esposa, el sufrimiento no derrotó a Huxley; cuando él mismo desarrolló cáncer de garganta, todavía tuvo la claridad de ánimo suficiente para escribir su última novela, y para rechazar el título de Caballero de la orden británica, por sus profundos desacuerdos con la monarquía y el gobierno de Inglaterra: a los cuales consideraba agentes hipócritas, ya que actuaban como héroes de la civilización tras el desastre de las guerras mundiales, pero conservaban su sistema de explotación laboral y comercial sobre países del tercer mundo.

Podemos extraer varias lecciones científicas de la vida de Huxley, o por lo menos plantear preguntas relevantes: ¿por qué razón Huxley no cayó en un estado de depresión mayor tras la muerte de su madre, el suicidio de su hermano, su evento prolongado de ceguera, el cáncer de su mujer y el suyo propio? Le llamamos resiliencia a la capacidad para adaptarse y sobreponerse a las adversidades. El caso de Huxley demuestra que esa adaptación no significa una renuncia a los valores que nos dan una identidad ética y estética. Sin duda, su creatividad literaria y sus capacidades de reflexión filosófica fueron recursos muy útiles al servicio de la resiliencia. También es muy probable que el ambiente de gran riqueza intelectual y artística en que fue educado durante la infancia haya contribuido a tener una mayor fortaleza intelectual frente a los eventos adversos. El asunto de la espiritualidad plantea interrogantes que ameritan mayor discusión.

Los factores protectores son muy relevantes en el estudio de la depresión por dos razones: en primer lugar, porque nos dan claves para imaginar cómo podemos prevenir la depresión, aún cuando estemos inmersos en circunstancias adversas. Se trata de una pregunta clave desde la perspectiva de la salud mental pública. Por otra parte, el conocimiento preciso de los factores protectores y de resiliencia es indispensable en la práctica clínica. Tratar a una persona con depresión no significa tan sólo medicarla, sino escuchar su historia para identificar sus valores, así como las acciones específicas que el paciente y sus seres queridos pueden realizar para buscar la recuperación. Más adelante podremos discutir el peso de estos factores, que incluyen la actividad física, la nutrición, la espiritualidad, las herramientas artísticas y los ambientes culturales enriquecidos.

También se pueden traer al tablero de discusión otros factores de riesgo y protección que no se aprecian a simple vista con las herramientas de la literatura, la biografía, la sociología y la historia, porque se trata de factores genéticos ocultos, hasta que las herramientas de la biología molecular las traen al mundo del conocimiento. ¿Cómo interactúan los genes y el ambiente para aumentar o disminuir el riesgo de padecer depresión mayor?

Vulnerabilidad frente a las pérdidas: un puente hacia la genética de la conducta

A lo largo de nuestra vida experimentamos formas muy variadas de adversidad: del maltrato a las pérdidas, sin olvidar la enfermedad, la negligencia, el abandono. La investigación epidemiológica demuestra que estas vivencias aumentan el riesgo de padecer depresión. Sin embargo, hay una proporción significativa de personas expuestas a esos problemas sociales que no desarrollan depresión. Para explicar este asunto, algunos investigadores hablan de una teoría conocida como "diátesis-estrés", que significa lo siguiente: cada persona tiene niveles específicos de vulnerabilidad biológica (ésa es la "diátesis") frente al estrés (no sólo en el caso del estrés físico, como un accidente, sino también frente al estrés psicológico y social). Por ejemplo, algunas investigaciones han mostrado que las personas con antecedentes hereditarios de depresión tienen más probabilidades de padecer depresión mayor cuando sufren estrés, en comparación con las personas sin antecedentes hereditarios. Unos y otros sufren estrés, pero las personas con antecedentes hereditarios (con riesgo genético) tienen mayor riesgo de depresión mayor.[80] ¿Cómo llegamos a saber esto?

Hay un médico psiquiatra estadounidense llamado Kenneth Kendler, quien ha dedicado su vida a estudiar la genética de los trastornos mentales y las adicciones. Uno de sus métodos principales es el estudio de grandes poblaciones de gemelos. Como sabemos, los gemelos idénticos (monocigotos) tienen la misma información genética en el

ADN, mientras que los gemelos que no son idénticos (dicigotos) tienen información genética distinta, al igual que sucede entre dos hermanos que no son gemelos. El comparar gemelos monocigotos con gemelos dicigotos puede ser muy útil para ver qué tanto influye la información genética frente al ambiente. Por otra parte, el estudio de gemelos idénticos que son expuestos a situaciones ambientales muy diferentes también es una manera útil de saber qué tanto pesa el ambiente, y qué tanto pesa la influencia genética. Un caso extremo, pero muy ilustrativo de esta situación, es el de los astronautas y gemelos idénticos Scott y Mark Kelly,[81] quienes han sido los protagonistas de un estudio de la NASA, a través del cual hemos aprendido lo siguiente: después de un año en una estación espacial, el material genético de Scott Kelly tuvo cambios considerables, que se conocen como cambios epigenéticos: es decir, cambios generados por el ambiente, en particular el proceso biológico conocido como "metilación del ADN", que puede influir en la manera como se expresan los genes. No es exagerado decir que los gemelos idénticos ya no son tan idénticos después de un viaje espacial: no sólo tuvieron experiencias distintas ese año, con los cambios cerebrales esperados al almacenar recuerdos diferentes, sino que también su material genético presentó cambios significativos. En todo caso, los estudios de gemelos han sido una de las mejores herramientas de las ciencias médicas para entender las relaciones entre la genética y el ambiente en la formación de la conducta humana.

Kenneth Kendler ha trabajado con muestras de gemelos del estado de Virginia, en Estados Unidos, pero también con gemelos de Noruega, Suecia y Holanda. En 1995 publicó un estudio basado en la observación de 2 mil 164 mujeres, todas dentro de un estudio de gemelas. Se registraron los eventos estresantes durante el estudio, así como los episodios de depresión mayor, durante un periodo de 24 meses de seguimiento, en promedio. En este estudio, los eventos más estresantes, y relacionados más estrechamente con la depresión mayor, fueron la muerte de un familiar cercano, el ser víctima de un asalto, el tener problemas matrimoniales graves, o la presencia de un divorcio o ruptura amorosa. Esto es esperable y probablemente el sentido común basta para anticiparlo, pero la parte genética del estudio agregó una pieza de información muy relevante: las personas con bajo riesgo genético tenían menos probabilidad de padecer depresión mayor frente a los eventos estresantes, mientras que las mujeres con mayor riesgo genético tenían más probabilidad de desarrollar un episodio de depresión mayor frente al estrés.[80] En síntesis: la predisposición genética podía actuar como un "amortiguador" del estrés, o como un factor de vulnerabilidad. A muchas personas no les gusta esta idea, porque parece conducirnos a un determinismo biológico y genético. En lo personal, he oído muchas críticas a estas teorías científicas por parte de académicos que provienen del campo de las humanidades y las ciencias sociales. Pero es indispensable recordar que tenemos un cuerpo físico que tiene neuronas, hormonas, mecanismos inmunológicos, incluso un ambiente interno formado por bacterias, al cual llamamos microbioma. Todo esto forma parte de la cadena de causas que nos llevan a la depresión o nos salvan de ella.

A mi juicio, el conocimiento de los factores biológicos de vulnerabilidad es importante, porque nos permite entender por qué un mismo evento puede llevar a desenlaces muy distintos a personas diferentes: cada uno de nosotros reacciona en función de su historia y de sus disposiciones biológicas. En nuestra cultura, quienes sufren el problema de la depresión escuchan a diario toda clase de descalificaciones, pero me voy a referir a una en particular que debe erradicarse: la idea de que quienes se deprimen son personas "débiles". Este tipo de comentario, típico de una sociedad enajenada por el darwinismo social, no ayuda en nada a quienes padecen depresión, y además es un concepto nocivo que refuerza el estigma en torno a los problemas psiquiátricos.

Si una persona padece cáncer, diabetes, artritis reumatoide o tuberculosis, no acostumbramos a molestarla con la cantaleta de que es alguien "débil". En el caso de la depresión sí existe ese prejuicio, pero debemos comprender que, además de los factores de riesgo sociales y las experiencias de vida adversas, hay elementos biológicos en cada individuo que son involuntarios, y que nos protegen o ponen en riesgo más allá de nuestros deseos. Uno de los factores biológicos más discutidos se refiere a un mensajero químico de nuestro cerebro: la serotonina.

111

¿La depresión mayor como deficiencia de serotonina?

Es común escuchar en los medios de comunicación, y entre el público general, la idea según la cual la depresión mayor es el resultado de "una deficiencia de serotonina". Se trata de un concepto que al principio fue una hipótesis científica, basada en el efecto de los medicamentos antidepresivos, y que posteriormente pasó a la cultura popular. Quizá forma parte de ese tipo de ideas que, por su simplicidad, resisten el paso del tiempo. Ante todo, la idea surgió al observar la eficacia de ciertos medicamentos para aliviar los síntomas de la depresión. Estos medicamentos tenían como elemento común sus efectos sobre dos neurotransmisores: la serotonina y la noradrenalina.[82] Ya habrá tiempo de profundizar más en estas cuestiones, pero por el momento basta con decir que poco tiempo después surgieron medicamentos conocidos como inhibidores selectivos de la recaptación de serotonina (ISRS), que actuaban de forma más específica sobre el sistema de serotonina, y tenían, a grandes rasgos, una eficacia comparable con la de los medicamentos previos que actuaban sobre serotonina y noradrenalina, con menos efectos adversos; al menos eso decían los estudios más conocidos y eso pensaba la mayoría de los médicos especialistas.[83] Por esa misma razón, la hipótesis de la serotonina tuvo un impacto más prolongado y mayor influencia como guía para nuevas investigaciones. En su versión más simple, el concepto era que la depresión mayor resulta de una "deficiencia de serotonina", algo parecido a lo que se observa en una disciplina paralela, la endocrinología, que estudia los sistemas hormonales y en donde ciertamente se descubrieron y se demuestran todos los días casos de hipotiroidismo, es decir, deficiencias en las hormonas tiroideas. La deficiencia de hormonas tiroideas puede medirse en cualquier paciente. Se puede cuantificar. Hay valores normales y valores anormales. Cuando se demuestra un déficit es necesario dar terapia de restitución con hormonas sintéticas. Este modelo es muy atractivo por su simplicidad y atrajo a muchos biólogos, farmacólogos y psiquiatras, quienes pensaron que podrían encontrar una solución sencilla para el terrible problema de la depresión, con toda su carga histórica y social. ¿Pero sucedió así realmente?

Es muy difícil medir de forma directa la serotonina dentro del cerebro. Y en aquel momento (la segunda mitad del siglo XX) tardaron mucho en desarrollarse las técnicas de imagenología necesarias para ver de manera clara el sistema nervioso. Además, los neurotransmisores como la serotonina no se pueden apreciar a simple vista: se requieren técnicas de análisis químico para capturarlos. Por si fuera poco, la serotonina se metaboliza rápidamente, es decir, se transforma en otras moléculas, las cuales se conocen como metabolitos. Algunos metabolitos son relativamente estables, por lo cual se pueden medir con técnicas químicas: por ejemplo, podemos conocer las concentraciones de una molécula cuyo nombre también es un trabalenguas: el ácido 5-hidroxiindolacético (los amigos podemos decirle 5-HIAA). Pero para colmo de males, cuando se mide este metabolito en la sangre o en la orina, no refleja de manera exclusiva lo que sucede con la serotonina cerebral, sino que también refleja el metabolismo de la serotonina localizada en otros órganos y tejidos, como las plaquetas y el tubo digestivo. Y si quieres medir exclusivamente lo que pasa adentro del sistema nervioso central, tienes que hacer una punción lumbar: tienes que introducir una aguja a través de la columna vertebral para obtener unos mililitros de líquido cefalorraquídeo… tal vez el paciente con depresión mayor se sienta tan desesperado que acepte participar en una investigación con todo y punción lumbar, pero ¿cómo comunicarle que, cuando salgan sus resultados, no tendrás parámetros para decir si sus niveles de 5-HIAA son normales o anormales? Para saberlo, tendríamos que conocer primero los valores normales, y esto significa recurrir a una gran cantidad de personas sanas, con una aguja, para hacer la famosa punción lumbar.

De manera que la hipótesis de la deficiencia de serotonina, en su versión más simple, sigue siendo una mera hipótesis, y pocos investigadores creen actualmente que la realidad sea una cosa tan sencilla. Es verdad que en 1984 apareció una publicación (no fue la única) que medía los niveles de 5-HIAA (el metabolito de la serotonina) en líquido cefalorraquídeo, en pacientes con depresión y en personas sanas.[84] Y sí se encontraron diferencias entre los pacientes y los sujetos sanos: en términos generales, los pacientes tenían niveles más bajos de 5-HIAA. ¿Esto significa que la hipótesis fue confirmada? Más aún, en 2017 se publicó un artículo acerca de una investigación con 75 pacientes y 87 sujetos control sanos, que, una vez más, encontró valores más bajos de 5-HIAA en el líquido cefalorraquídeo de los pacientes.[85] ¿Qué se necesita entonces para aceptar la hipótesis? El problema es el siguiente: en estas investigaciones se obtienen promedios de cada grupo y se comparan los promedios mediante pruebas estadísticas, lo cual te permite saber que, en general, los pacientes tienen valores más bajos del metabolito de la serotonina. Pero esta afirmación es válida sólo en términos estadísticos generales. Si observamos los valores de cada caso, podremos ver que algunos pacientes tienen valores comparables a los de los sujetos control. En otras palabras: los niveles de 5-HIAA no son útiles como una prueba diagnóstica, porque no hay un límite claro entre la normalidad y la anormalidad. Por eso, y por las dificultades técnicas que comenté antes, cuando llega un paciente a pedir atención médica por un cuadro clínico de depresión mayor, en ninguna parte del mundo se le dice al paciente: "Le tomaremos una muestra de líquido cefalorraquídeo para saber si usted tiene una deficiencia de serotonina". En el caso del hipotiroidismo, por el contrario, sí se le dice al paciente: "Le vamos a tomar una muestra de sangre para saber si tiene niveles bajos de hormonas tiroideas". Ésa es la diferencia, y ése es el problema con la versión simple de la hipótesis de la serotonina. Esta versión simple no es forzosamente falsa, por otra parte, pero:

1) No hay evidencias suficientes para aceptarla sin debates.

2) En el mejor de los casos, sólo es parte de una historia más amplia y compleja que involucra muchas otras moléculas, otros sistemas de neurotransmisión, muchas estructuras cerebrales, algunos sistemas hormonales y algunas reacciones inmunológicas.

3) Además, en el caso del hipotiroidismo, se trata de una enfermedad corporal debida a factores biológicos. En el caso de la depresión mayor, las causas biológicas son parte de la constelación, pero no podemos olvidar los factores sociales. Esto es justamente lo que investigó el doctor Avshalom Caspi en Nueva Zelanda: cómo influyen exactamente los factores sociales en la vida de un individuo, y cómo son atenuados o moderados estos efectos por las características genéticas específicas de la persona: en particular, por un gen que se relaciona precisamente con el sistema de serotonina.[83] Podríamos decir que se trata de una versión extendida o compleja de la "hipótesis de la serotonina".

Las interacciones
entre la genética y el estrés

Entre las múltiples hipótesis para explicar la depresión mayor, una de las más populares ha sido la idea de que el problema es ocasionado por una deficiencia de serotonina. Esto es muy difícil de demostrar de forma directa en cada paciente con depresión, y cuando se han hecho mediciones directas, se ha encontrado que, en general, la hipótesis se cumple, pero hay muchos sujetos con depresión que tienen valores bioquímicos dentro del rango de las personas sanas. Y de la misma manera, algunos individuos sanos pueden tener valores dentro del rango de los pacientes.[85] Esto se puede interpretar de varias maneras:

Una posibilidad es que haya subtipos de depresión mayor, con bases bioquímicas diferentes. Algunos subtipos caerían dentro de la "deficiencia de serotonina" y otros subtipos no. Quizá estamos metiendo en el concepto de depresión mayor casos que se parecen superficialmente, pero que son diferentes en sus causas, y que en realidad pueden ser enfermedades distintas, o incluso es posible que muchos casos no correspondan siquiera a una enfermedad en el sentido estricto de la palabra, sino que sean nada más reacciones psicológicas ante pérdidas y amenazas: asuntos como el duelo, la aflicción, el tedio… eso piensan muchos sociólogos, antropólogos y críticos de la medicina psiquiátrica, quienes dicen que la sociedad se ha "medicalizado" en exceso, y que esto es consecuencia de la avaricia desmedida de la industria farmacéutica y del capitalismo salvaje…

Pero también hay otras posibilidades. En realidad, aunque la biología de nuestro sistema nervioso es muy semejante entre individuos, hay variaciones en todos los niveles. Y el sistema de serotonina no es la excepción. Hay diferentes formas en que este sistema se organiza de acuerdo con la información genética de cada sujeto. Por ejemplo, hay una proteína llamada "proteína transportadora de serotonina" que puede tener formas diversas de acuerdo con la información genética específica de un individuo. La proteína es muy importante, porque está estrechamente relacionada con el mecanismo de acción de la gran mayoría de los medicamentos antidepresivos.[82]

EL ESTRÉS Y LA GENÉTICA DE LA SEROTONINA

En el ADN hay un gen donde se encuentra la información necesaria para sintetizar la proteína transportadora de serotonina. Este gen se forma desde la concepción y permanece estable durante la vida intrauterina y, de hecho, durante la vida entera. Cuando nace un individuo, se puede tomar una muestra de ADN y conocer qué información contiene. Por ejemplo, se puede medir el gen de la proteína transportadora de serotonina, que tiene tres variantes. Cada una de estas variantes se encuentra en un porcentaje de la población general. Estas variantes se conocen como l/l, s/l y s/s. Las formas conocidas como s/l y s/s son menos eficientes que la forma l/l, por lo cual se consideran de interés científico para el estudio de la depresión.[85] Algunos estudios se plantearon si las formas s/s o s/l se asocian con la depresión, pero los resultados fueron inciertos. Con esos antecedentes, el psicólogo israelí-estadounidense Avshalom Caspi se planteó las cosas de otra manera: tal vez las variaciones en el gen de la proteína transportadora de serotonina no causan de forma directa la depresión mayor, sino que, más bien, moderan las reacciones de la serotonina frente al estrés. La hipótesis se puede plantear de esta manera: si no hubiera estrés, las variantes genéticas de esta proteína serían poco importantes, pero a medida que aumentara el estrés, las personas tendrían mayor probabilidad de tener depresión dependiendo de su variante genética.[2] A las variantes genéticas también les podemos llamar "genotipos".

El equipo de Caspi estudió esta cuestión dentro del célebre estudio Dunedin, realizado en un pequeño puerto de Nueva Zelanda, ideal para estos estudios porque la gente que vive ahí tiene pocas migraciones. Las personas que forman parte del estudio registraron todos los eventos estresantes de su vida entre los 21 y los 26 años, mediante el uso de un calendario de historia de vida, que es un método confiable para reconstruir historias de vida. En países de tercer mundo o en vías de desarrollo, las migraciones hacen casi imposible un estudio así. El estudio incluyó al final a 847 personas de raza blanca.

¿Qué fue lo que encontraron los investigadores? Hagamos una lista de los resultados que aparecen en el artículo original publicado en una de las mejores revistas del mundo, ni más ni menos que la revista *Science*.[82] Veamos los resultados con calma, antes de saltar a las conclusiones.

1) ¿Cuántas personas tenían cada una de las variantes genéticas? Los grupos genéticos quedaron conformados de la siguiente manera: los sujetos con la variante s/s fueron 147 (17% de la muestra total). Las personas con la forma s/l fueron 435 (51% de la muestra), y los individuos con la forma l/l fueron 265 (31% de la muestra).

2) ¿Hay alguna relación entre el sexo y los genotipos? En realidad, no se encontraron diferencias significativas entre hombres y mujeres respecto a las variantes genéticas.

3) Entre los 21 y los 26 años de edad se registraron 14 tipos de eventos estresantes, incluyendo problemas financieros, de empleo, de vivienda, de salud y de relaciones humanas. La distribución de los eventos estresantes en la población es muy peculiar: 30% de las personas no tuvo ningún evento estresante; 25% padeció un evento estresante; 20% tuvo dos eventos; 11% padeció tres eventos, y 15% de las personas de esta muestra tuvo cuatro o más eventos. En pocas palabras: pareciera que hay personas con muy buena suerte, y personas con mala

suerte, quienes pueden tener en sólo cinco años tanto problemas de salud como financieros, de vivienda, de relación…

4) ¿Es posible que el genotipo determine el que una persona sufra más o menos eventos estresantes? Ésta es una pregunta que parece formulada desde un pensamiento mágico, pero los investigadores la contestaron con todo rigor. La respuesta es no: la variante genética no tenía ninguna relación demostrable con el número de eventos estresantes entre los 21 y los 26 años de edad.

5) ¿Cuántas personas tenían depresión al final del estudio? El 17% de los miembros del estudio cumplía los criterios clínicos para depresión mayor. De estos, 58% eran mujeres, y 42% eran hombres. Estos resultados son similares a lo que se observan en estudios epidemiológicos en Estados Unidos,[86] aunque más altos que lo observado en México.[87]

6) ¿Cuántas personas tuvieron conducta suicida? Los investigadores midieron esta cuestión durante el último año antes de que las personas cumplieran 26 años. El 3% de la muestra reportó ideas recurrentes o intentos de suicidio relacionados con estados depresivos.

7) Pasamos a los resultados originales de este estudio: ¿se observó que el genotipo modera la influencia del estrés sobre la depresión mayor? La respuesta corta es: sí. Cuando no hay estrés, no hay diferencia entre las personas con diferentes genotipos en cuanto a la probabilidad de tener depresión mayor (la probabilidad se ubica alrededor de 0.10, es decir, 10%). Sin embargo, a medida que aumenta el número de eventos estresantes, los grupos genéticos se van separando, y esto se hace muy evidente cuando hay cuatro o más eventos estresantes: el grupo con el genotipo l/l no tiene un aumento muy importante en la probabilidad de tener depresión mayor, que se ubica alrededor de 15%, mientras que en el grupo con el genotipo s/l, la probabilidad de tener depresión mayor aumenta significativamente y se ubica alrededor de 25%. ¿Pero qué pasó con el grupo que tiene la variante s/s? Aquí definitivamente el estrés

ha ocasionado un aumento muy importante en la frecuencia de depresión mayor, que se ubica alrededor de 40 por ciento.

8) Finalmente, los investigadores se plantearon el problema del suicidio, y el resultado fue muy consistente con lo que he descrito hasta el momento. Entre las personas que tuvieron la gran fortuna de no sufrir eventos estresantes, el genotipo no tuvo algún efecto importante para aumentar o disminuir el riesgo de conducta o ideación suicida. Pero en los sujetos que tenían más eventos estresantes, las cosas eran muy distintas: mientras mayor es la carga del estrés, más se separan los grupos genéticos: entre las personas con cuatro o más eventos estresantes, hay una gran diferencia entre el grupo que tiene el genotipo s/s y el grupo con el genotipo l/l: los primeros son mucho más vulnerables al estrés y tienen con mayor frecuencia comportamientos o ideas suicidas, en comparación con los que son "resistentes al estrés". En todos los casos, el grupo genético que tenía el genotipo s/l se encuentra a la mitad: tienen más riesgo que los del grupo l/l, pero menos que los del grupo s/s.

En otras palabras, si nos preguntamos qué tanto influye el estrés ambiental en el desarrollo de depresión, el estudio de Avshalom Caspi contesta: depende de tu genotipo: si tienes la variante l/l, eres bastante resistente al estrés. Pero si tienes la variante s/s, eres mucho más vulnerable frente a los eventos estresantes del ambiente. Los dos factores importan: la genética y el ambiente.

Aunque el artículo de Caspi es paradigmático porque representa la posibilidad de reunir métodos de biología molecular y métodos de la epidemiología, y en última instancia, perspectivas biológicas y sociales, los estudios que han tratado de replicar los resultados han obtenido resultados negativos, en términos generales. ¿Qué significa esto?

En 2018 apareció un artículo de Richard Border[88] que reunió los resultados de miles de pacientes en los que se estudió la posible interacción entre genes y ambiente, en particular en relación con los genes asociados con la proteína transportadora de serotonina. Después de analizar miles de datos, se concluyó que no había evidencia suficiente para sustentar una relación entre la depresión y los genes de la proteína transportadora de serotonina. De tal manera, el artículo de Caspi acerca de una interacción entre la genética de la serotonina y el ambiente, en la génesis de la depresión, perdió el nivel general de aceptación que tenía. Esto fue sin duda un revés para la investigación neurobiológica del trastorno depresivo mayor, ya que el estudio de Caspi ha sido uno de los artículos más influyentes en la historia de la genética psiquiátrica, con más de 8 mil citas científicas entre 2003 y 2018.[88] Sin embargo, es importante recordar que una de las fortalezas de la investigación científica, con respecto a otras formas de conocimiento, es precisamente su capacidad para detectar errores, analizarlos y corregirlos. En general, esto nos plantea dos posibles autocríticas que la ciencia psiquiátrica debe plantearse:

La primera posibilidad consiste en pensar que la depresión mayor es un fenómeno complejo que resulta de múltiples interacciones sociales, fenómenos psicológicos y procesos corporales, y que difícilmente puede reducirse a una falla en una sola molécula como la serotonina… el anhelo de encontrar una explicación sencilla para la depresión como la "hipótesis de la serotonina" sería como la versión moderna de la "piedra de la locura" o la "enfermedad de la bilis negra". Aunque la hipótesis serotoninérgica tiene muchos más méritos que la bilis negra o la piedra de la locura, no deja de ser una tesis reduccionista y, tal vez, un poco ingenua.

La segunda posibilidad autocrítica es más complicada, y se trata de lo siguiente: es viable que dentro del concepto "trastorno depresivo mayor" estemos reuniendo casos muy diferentes entre sí, con síntomas superficialmente semejantes, pero con fundamentos y procesos causales distintos. Algunos casos podrían tener una mayor base genética y una menor participación ambiental, mientras que otros casos podrían ser reacciones psicológicas más o menos patológicas frente a conflictos y entornos sociales adversos, con una menor base genética. Por lo demás, dentro de los casos con mayor influencia genética, es posible que exista también una amplia variabilidad biológica. Algunos casos pueden tener anormalidades de la neurotransmisión serotoninérgica, mientras que otros casos tal vez no. En síntesis: es posible que el constructo de la "depresión mayor" sea de poco valor para la investigación genética, porque se trata de un concepto que surge sobre todo de observaciones clínicas, y en algún grado, de la psicología popular. La función mental y la conducta son el resultado final de procesos cerebrales muy complicados, por lo cual la ecuación reduccionista según la cual "depresión es igual a déficit serotoninérgico" es una fuente renovada de frustraciones científicas. Es posible, incluso, que a medida que sucedan nuevos avances en la investigación neuropsiquiátrica, los clínicos seremos capaces de reorganizar nuestros conceptos clínicos, y quizá en el futuro no hablemos ya del "trastorno depresivo mayor", sino de otros síndromes y enfermedades que hoy somos incapaces de imaginar, de la misma manera que los médicos de la antigua Grecia, la Edad Media o el Renacimiento eran incapaces de imaginar la enfermedad de Alzheimer o la enfermedad de Parkinson.

En un sentido más amplio, quienes estudiamos el problema de la depresión mayor desde el ángulo científico, debemos dar un paso atrás para reconocer que no conocemos los mecanismos genéticos precisos que confieren mayor vulnerabilidad frente al estrés a algunas personas, mientras que otras parecen ser más resistentes. Dentro de los factores que podrían conferir una mayor vulnerabilidad, los investigadores han seguido pistas muy diversas, por ejemplo, el papel de las enfermedades físicas como factores de riesgo para el desarrollo de la depresión mayor.

No hay salud sin salud mental: una historia epidemiológica

En 2007 el doctor Martin Prince, un brillante investigador del Instituto de Psiquiatría de Londres, publicó en la revista inglesa *The Lancet* un ensayo titulado "No health without mental health",[18] en el cual se refiere al lema adoptado por la Organización Mundial de la Salud, la Organización Panamericana de la Salud y la Federación Mundial de Salud Mental, a saber: "No hay salud sin salud mental". ¿Cuáles son los argumentos para sustentar ese lema?

Alrededor de 31% de la carga global de la enfermedad en términos de discapacidad se debe a condiciones neuropsiquiátricas, principalmente la depresión (11%), y en segundo término los trastornos por uso de alcohol (3%), la esquizofrenia (2.8%), el trastorno bipolar (2.4%) y el deterioro cognitivo, como sucede en la enfermedad de Alzheimer (1.6%).[89] Además, la depresión mayor interactúa con otras condiciones de salud generales. Esto se conoce en la jerga médica con el término de "comorbilidad", es decir, estados clínicos en los que se cumplen los criterios para hablar de depresión mayor, y al mismo tiempo, los criterios para diagnosticar condiciones físicas como el síndrome de colon irritable, la fibromialgia, el síndrome de fatiga crónica. Más aún, hay una fuerte comorbilidad entre la depresión mayor y enfermedades graves como el cáncer, las infecciones crónicas, la diabetes mellitus, las enfermedades cardiovasculares y el infarto cerebral. En los grupos de personas que padecen estas enfermedades físicas, la presencia de depresión es un factor de mal pronóstico.[18] Al parecer la relación entre ambos tipos de padecimientos es bidireccional, es decir, la depresión aumenta el riesgo o empeora el pronóstico de las enfermedades físicas ya mencionadas, y a su vez, la presencia de esas enfermedades aumenta el riesgo de padecer depresión. Se trata de un círculo vicioso, patológico. La atención de estos padecimientos requiere un enfoque que no separe la salud física de la salud mental, sino que busque una integración efectiva. Actualmente esta integración es insuficiente por varias razones:

1) Los médicos que no son especialistas en psiquiatría tienen conocimientos insuficientes acerca del diagnóstico y el tratamiento de la depresión mayor.

2) Los médicos especialistas en psiquiatría (y en mayor medida, los profesionales de la psicología) tienen conocimientos insuficientes acerca del diagnóstico y el tratamiento de las condiciones generales de la salud.

3) En muchas partes del mundo los servicios de salud mental están separados físicamente de los servicios de salud generales. Esto no tiene ninguna base científica: en realidad se debe al viejo estigma de "la locura" que atraviesa la historia de las civilizaciones y que se inserta en la cultura popular y en la cultura médica. El miedo a "la locura" (pongo el término entre comillas porque no considero que tenga alguna utilidad actualmente) ocasiona el aislamiento de los pacientes psiquiátricos, y con frecuencia el aislamiento de los servicios de salud mental.

No hay salud sin salud mental:
una historia encubierta

La práctica clínica nos ofrece relatos verídicos que ponen de relieve la compleja red de interacciones sociales y biológicas que convergen en las personas que reciben el diagnóstico de depresión mayor.

Hace algunos años atendí en el Instituto Nacional de Neurología y Neurocirugía a una mujer de 31 años, estudiante de relaciones internacionales en la Universidad Nacional Autónoma de México. Se trataba de una persona inteligente, quien asistía al hospital como resultado de un estado depresivo recurrente. Recibió psicoterapia durante muchos años, sin éxito. Quizá la terapia psicológica le ayudó a tener más introspección, pero los síntomas depresivos seguían: en su caso, se trataba de tristeza persistente, sentimientos de temor, culpa y baja autoestima, irritabilidad, dificultades para conciliar el sueño, pérdida del apetito, fatiga y, por encima de todas las cosas, pensamientos repetitivos acerca del suicidio, que la llevaron a varios intentos de terminar con su propia vida. Sus relaciones interpersonales eran muy problemáticas, con sus familiares y con sus parejas. Se embarazó en un par de ocasiones, y las dos veces recurrió al aborto, lo cual generó, a su vez, recuerdos traumáticos.

Entre los datos clínicos hay dos que me interesa destacar: en primer lugar, la falta de eficacia de la psicoterapia y los medicamentos antidepresivos, a pesar de su uso durante varios años... su eficacia era sólo parcial. En segundo lugar, me refiero a las quejas frecuentes de la paciente acerca de "problemas de concentración y memoria". Ella sentía que sus capacidades intelectuales estaban por debajo de su nivel habitual de funcionamiento, y que esto afectaba su desempeño en los estudios universitarios. Se realizaron evaluaciones neuropsicológicas que confirmaron la existencia de deficiencias en un conjunto de habilidades cognitivas conocidas como "funciones ejecutivas": me refiero a la capacidad para manipular información a través de la memoria de trabajo, y en un sentido más amplio, a las habilidades que hacen posible la formación de planes, mediante la abstracción y la secuenciación de datos.

Un elemento en su historia complicó el diagnóstico: en alguno de sus internamientos, la paciente reveló que había sido víctima de abuso sexual repetido durante la adolescencia por parte de un familiar cercano. Este componente de incesto y abuso redirigió los esfuerzos terapéuticos hacia la dimensión psicológica del caso, hacia la formación de su personalidad, calificada como inestable, y hacia sus mecanismos de afrontamiento psicológico, calificados como "inmaduros" en algunas notas del expediente. De hecho, como resultado del abuso sexual y de su inestabilidad emocional, a ella se le diagnosticó un problema conocido en la psiquiatría como "trastorno limítrofe de la personalidad".[14] Este diagnóstico es muy importante en la psiquiatría contemporánea, aunque se trata de una categoría científica preliminar.

Por lo general, cuando aparecen antecedentes tan relevantes como el abuso sexual, los clínicos tratantes asumen como ciertos los posibles mecanismos de causalidad psicológica, durante la interpretación de los síntomas. Es decir, se asume que el abuso sexual generó un trauma psicológico, consciente o inconsciente, y que éte provoca un dolor emocional de difícil resolución, el cual se reactiva frente a muchos estímulos del entorno. Y de hecho todo eso puede ser cierto; sin duda es un elemento central del caso. En apariencia, no se requiere alguna explicación adicional. Sin embargo, la resistencia al tratamiento y la presencia de deficiencias cognoscitivas relevantes fueron una pauta para solicitar un estudio de neuroimagen, mediante un equipo de resonancia magnética nuclear. El resultado se muestra en la figura 6: hay múltiples lesiones en ambos hemisferios cerebrales, localizadas en la sustancia blanca de los lóbulos frontal y parietal. A juzgar por su apariencia, las lesiones podrían ser el resultado de una enfermedad vascular de origen inflamatorio. Y en efecto, los estudios de laboratorio demostraron la presencia de una enfermedad inmunológica: me refiero a la legendaria entidad conocida como lupus eritematoso sistémico. ¿Hasta qué punto la enfermedad vascular cerebral provocaba los síntomas propios de la depresión y las alteraciones de la función intelectual? A juzgar por las investigaciones médicas realizadas en el terreno de la neuropsiquiatría y la inmunología, las lesiones contribuyen de manera importante a la formación de síntomas cognitivos y afectivos resistentes al tratamiento convencional. Por otra parte, es natural preguntarse: ¿los antecedentes de abuso sexual y el trastorno depresivo mayor podrían ser factores de riesgo en este caso para el desarrollo de una enfermedad neuroinmunológica, como el lupus? En realidad, el estudio de un caso aislado solamente puede sugerir hipótesis, y no se considera evidencia suficiente para afirmar que existe una relación de causa-efecto. Para suplir esa deficiencia, debemos mirar el panorama más amplio mediante la investigación epidemiológica.

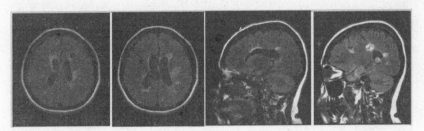

Figura 6. Imágenes de resonancia magnética de una mujer de 31 años, portadora de un trastorno depresivo mayor resistente al tratamiento farmacológico y psicoterapéutico. Las imágenes revelan lesiones secundarias a una enfermedad inflamatoria conocida como lupus eritematoso sistémico.

La investigación de grandes grupos de pacientes ayuda a conocer los patrones ocultos de la causalidad, es decir, la relación entre el trastorno depresivo mayor y sus factores de riesgo, sus determinantes sociales y biológicas. En el caso de la estudiante de relaciones internacionales que presento en este capítulo, es fácil reconocer algunos factores de riesgo psicológicos y sociales, como el abuso sexual y la experiencia traumática del aborto. Pero las imágenes de resonancia magnética revelaron una enfermedad cerebral que afecta la sustancia blanca de los hemisferios cerebrales. ¿Qué peso debemos darle a ese factor?

No hay salud sin salud mental: historias del cerebro emocional

Mi hospital, el Instituto Nacional de Neurología y Neurocirugía de México, se dedica las 24 horas del día a atender personas con enfermedades neurológicas. Allí tengo la oportunidad de comprobar que la depresión mayor es una de las consecuencias más comunes tras una lesión cerebral. En años recientes, mis colegas y yo hicimos un estudio de mil 212 pacientes atendidos de manera consecutiva en las áreas de hospitalización; 199 de estos pacientes (14.4%) padecían estados depresivos que ameritaban evaluación y tratamiento psiquiátrico.[77] En la figura 1 se puede ver que esto aparece en muchas condiciones neurológicas, incluyendo tumores, infartos, infecciones.

Los estados de depresión mayor en pacientes con problemas de salud neurológica o física suelen empeorar el pronóstico general: en algunos casos pueden asociarse a un aumento de la mortalidad, y en otros casos aumentan la discapacidad.[18] En todos los casos la calidad de vida se reduce de manera lamentable. Por esa razón, muchos investigadores dedicados al campo de las neurociencias clínicas hemos desarrollado proyectos de investigación orientados a estudiar la frecuencia y los factores de riesgo específicos de la depresión mayor en el contexto de las enfermedades del sistema nervioso central. En personas con epilepsia (una de las condiciones neurológicas más frecuentes en el mundo entero) encontramos una frecuencia de 42% de depresión mayor, dentro de una muestra de 241 pacientes atendidos en los ser-

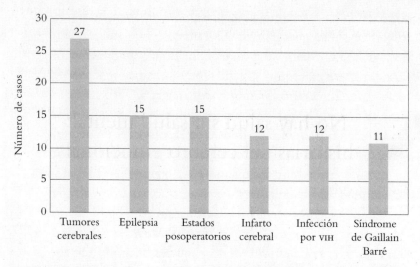

Gráfica 1. Enfermedades cerebrales asociadas a depresión mayor, en pacientes atendidos en un instituto de neurología y neurocirugía (n = 199).

vicios de consulta externa. Las personas que tenían un mal control de las crisis epilépticas tenían una mayor probabilidad de padecer depresión.[89] En el caso de la esclerosis múltiple, por ejemplo, encontramos que 46% de los pacientes con esta condición tenía un trastorno depresivo mayor, una cifra significativamente más alta que los sujetos de un grupo de control.[90] Para interpretar mejor los resultados del estudio, en ese caso seleccionamos un grupo de control con niveles de estrés semejantes a los de los pacientes. Estudiamos también una patología que tiene un perfil geográfico y socioeconómico muy diferente: la neurocisticercosis, que representa la parasitosis cerebral más frecuente en países en vías de desarrollo. En este caso, la frecuencia de depresión mayor fue de 22%, aproximadamente el doble de lo observado en personas del grupo de control.[91] Para generar una comparación válida, se buscó que los sujetos del grupo de control tuvieran características socioeconómicas similares a las de los pacientes, y niveles de estrés equivalentes.

La elevada frecuencia de estados depresivos en pacientes con lesiones cerebrales amerita una discusión. Por una parte, resulta evidente que el malestar físico, el dolor, el estrés económico, la discapacidad y el temor a la muerte que causan las enfermedades en general pueden actuar como factores de riesgo para desarrollar estados depresivos. Sin embargo, no es infrecuente que el estudio de pacientes neurológicos contradiga estos supuestos lógicos y de sentido común: dependiendo de su localización dentro del sistema nervioso, algunos pacientes con lesiones cerebrales pueden desarrollar estados de euforia, placidez, despreocupación, a pesar de la discapacidad y el estrés económico y social generado por la enfermedad.[92-94] De tal manera, es posible observar casos como el siguiente: se trata de una mujer con un tumor cerebral que pone en riesgo la vida, y que ha ocasionado una grave discapacidad visual, porque afecta la trayectoria de los nervios ópticos. A pesar de eso, la paciente se encuentra eufórica, en un estado de "felicidad patológica". Cuando el neurocirujano logra extirpar la lesión cerebral, la paciente recupera la vista, pero su estado de ánimo ha cambiado: se encuentra ahora triste, expresa una profunda infelicidad, incluso enojo hacia el cirujano que salvó su vida y su visión, y durante un pase de visita trata de ahorcarlo porque lo responsabiliza de su desgracia. Cuando el cirujano se retira, desconcertado, la paciente rompe en llanto.[95] Relatos semejantes, que se obtienen durante la práctica clínica, recuerdan al médico, al psicólogo y al investigador que el entendimiento de los afectos y las vivencias emocionales no puede reducirse solamente al nivel de las explicaciones socioculturales. Las determinantes sociales, económicas y culturales de la salud mental existen y tienen una profunda influencia en todos los aspectos de nuestra vida mental, pero no son las únicas influencias. Desde una perspectiva científica, debemos decir que las explicaciones sociales son necesarias, pero no suficientes para comprender la depresión mayor: existe, también, un cerebro emocional (si queremos llamarle de esa manera) que se genera a partir de una matriz genética, y que sintetiza las transformaciones del sistema nervioso a través de la evolución filogenética, es decir, la evolución de las especies. Ahora bien, lo que dijimos de las determinantes socioculturales también se puede decir de las explicaciones (neuro)biológicas de la depresión: estas explicaciones son necesarias, pero no suficientes. Siempre tenemos que mirar hacia las dos dimensiones, la biológica y la social, y hacia la manera como cada individuo organiza estas influencias. El investigador y el clínico que pretenden ayudar a las personas con depresión debemos aprender a analizar el doble origen de los problemas psiquiátricos: la vulnerabilidad biológica específica y las corrientes ambientales.

Depresión mayor y suicidio

Al pensar en los desenlaces de la depresión mayor, pocos son deseables, pero hay un desenlace trágico conocido desde la antigüedad: el suicidio. El comportamiento suicida es uno de los más interesantes de la especie humana, aunque hay animales con comportamientos semejantes bajo situaciones extremas. Los filósofos han insistido en la posibilidad del "suicidio lúcido", es decir, el que surge de un acto de reflexión y libre albedrío ante situaciones intolerables, y no como el resultado de un trastorno mental. Al hablar de este tema, también tenemos que considerar situaciones que generan un gran debate social porque no están bien resueltas en muchos países desde el punto de vista legal: me refiero a la eutanasia y el suicidio asistido.[96]

En todo caso, la mayor parte de los casos de suicidio resultan de estados de profundo sufrimiento Los trastornos mentales en general, y la depresión mayor en particular, contribuyen a la formación de ideas, planes, intentos de suicidio, y al suicidio consumado. Un estudio realizado con 108 mil 664 personas de 21 países mostró que en los países desarrollados los trastornos que tenían mayor relación con la conducta suicida eran los trastornos afectivos, incluyendo la depresión mayor y el trastorno bipolar, mientras que en países en vías de desarrollo los problemas psiquiátricos más asociados al suicidio eran los trastornos del control de impulsos, las adicciones (a drogas legales o ilegales) y el trastorno por estrés postraumático.[20] En el caso de la depresión, el riesgo de conducta suicida se considera 4.8 veces superior al de las personas sin problemas de salud mental; y respecto al trastorno bipolar, el riesgo es 6.1 veces superior al de sujetos sin problemas de salud mental.[20] Hay otros problemas psiquiátricos asociados con el intento de suicidio: por ejemplo, el trastorno limítrofe de la personalidad, al que ya me he referido,[14] y la categoría psiquiátrica conocida como trastorno por estrés postraumático complejo.[98] Las dos son categorías bajo investigación, relacionadas frecuentemente con circunstancias como el abuso sexual, y requieren de forma indispensable una atención psicoterapéutica. Estos problemas tienen sus propios laberintos científicos y existenciales, y requieren sus propios libros.

Aunque la relación entre la conducta suicida y los trastornos afectivos es un hecho bien establecido, hay muchas preguntas no resueltas en la epidemiología global del suicidio. La verdad es que las cosas no son tan sencillas como parecen. En la tabla 6 se encuentran las cifras de suicidio consumado en varios países de cada región del mundo. Los datos provienen de la página web del Banco Mundial, que se puede consultar de forma gratuita para descargar una enorme cantidad de datos demográficos.[19] En todos los casos, las cifras representan tasas anuales por 100 mil habitantes: es decir, por cada 100 mil habitantes, ¿cuántas personas se suicidan anualmente? En aras de la brevedad, no se incluyen todos los países, pero incluyo a muchos países de Latinoamérica y algunos de Europa, Oriente Medio, Asia, África y Oceanía. Como se puede observar, hay bastante estabilidad a lo largo de los últimos años en cada país. Esto significa que el fenómeno no es meramente aleatorio.

Al observar la tabla es posible ver que algunos países mejoran: la tasa de suicidio en Australia va a la baja, al igual que Cuba, El Salvador, Francia, Israel, Rusia y Venezuela. Mientras tanto, el suicidio va en aumento en Argentina, Brasil, Honduras, Jamaica, México y Estados Unidos. Aunque estas tendencias a subir o bajar son muy relevantes, no nos dejemos engañar. Algunos países tienen cifras escandalosamente altas en comparación con el resto: Argentina, Francia, Japón, Rusia y Estados Unidos. Por el contrario, otras naciones se encuentran en los rangos más bajos: Brasil, Colombia, Guatemala, Honduras, Jamaica, Israel, Kenia, Líbano, México, Perú y Venezuela. Esto es un auténti-

Tabla 6. Tasa de suicidio anual por 100 mil habitantes:
comparación entre países

País	2000	2010	2015
Argentina	13.3	12.9	14.2
Australia	13.4	12.1	11.8
Brasil	5.2	5.9	6.3
Chile	10.8	12.0	9.9
China	11.0	9.8	10.0
Colombia	5.8	6.8	6.1
Costa Rica	7.3	8.3	7.7
Cuba	16.4	14.6	14.0
El Salvador	15.4	12.2	11.1
España	8.3	6.8	8.5
Estados Unidos	10.8	12.9	14.3
Francia	20.2	18.4	16.9
Guatemala	3.6	3.1	2.5
Honduras	2.9	3.8	3.5
Inglaterra	8.8	7.7	8.5
Israel	7.3	6.9	5.5
Jamaica	0.2	0.5	1.4
Japón	24.4	24.3	19.6
Kenia	6.8	6.7	6.5
Líbano	3.1	2.8	3.1
México	3.4	4.2	5.0
Perú	6.3	6.4	5.8
Rusia	38.7	25.7	20.1
Sudáfrica	10.1	10.1	10.7
Venezuela	7.8	3.4	3.0

co enigma: ¿por qué algunos países con tanta inseguridad, inequidad y pobreza como los países latinoamericanos que acabo de mencionar tienen tasas de suicidio menores, en comparación con países con estándares económicos y de seguridad mucho mejores, como Francia, Japón, o Estados Unidos? ¿Por qué Rusia resulta tener tasas tan altas? Si se consultan los valores de 2015, correspondientes a otras naciones cercanas a Rusia, clasificadas comúnmente como países eslavos, todos tienen cifras en los niveles más altos comparados con el mundo entero (Bielorrusia, 22.8; Lituania, 33.7; Estonia, 18.9; Ucrania, 20.1). Incluso Finlandia, que no formó parte del bloque soviético porque se independizó de Rusia en 1917 (¡justo a tiempo!), también tiene una cifra muy elevada: 16.2.

Para los que tienen curiosidad científica, incluyo la tabla 7, la cual comprende los mismos países, pero esta vez para comparar la tasa de homicidio en 2015 respecto a la tasa de suicidio el mismo año. Los datos que corresponden a la tasa de homicidio provienen de la misma fuente: la página web del Banco Mundial.[19] En ambos casos las cifras representan el número de personas muertas anualmente por cada 100 mil habitantes. Seamos honestos: una breve hojeada a la tabla nos obliga a aceptar que el resultado es sorprendente porque contradice muchas de nuestras ideas preconcebidas y nos obliga a pensar en nuevas hipótesis.

¿Qué significa esta tabla? En primer lugar, no hay ninguna evidencia de que los países con más inseguridad (a juzgar por la tasa de homicidios) sean los que tienen tasas más altas de suicidio. Tomemos el caso de Japón: es el país más seguro de esta lista en términos de homicidio, pero es muy inseguro en lo que al suicidio se refiere. La probabilidad de que un japonés sea asesinado por otro es bajísima, mientras que la probabilidad de que ese japonés se mate a sí mismo es realmente alta. Algo similar sucede con Francia, aunque en menor escala, y las cifras de Inglaterra y España son aún menos extremosas. Rusia parece ser un país inseguro en ambos sentidos: la tasa de homicidio no está en el rango bajo, y la de suicidio está en lo más alto. Israel y Líbano, a pesar de la imagen socialmente tormentosa que a veces se nos aparece en los medios de comunicación, parecen ser los sitios más seguros, si tomamos en cuenta el balance entre las dos cifras. Estados Unidos tiene una tasa de homicidio aceptable dentro de los parámetros internacionales, pero la de suicidio está cerca del límite alto. Con la excepción de Argentina y Chile, en donde es más probable el suicidio que el homicidio, los países latinoamericanos y del Caribe violentos (México, Guatemala, Honduras, Colombia, Brasil, Venezuela y Jamaica) tienen cifras espeluznantes de homicidio, pero el suicidio está en límites asombrosamente bajos. La excepción es El Salvador, que tiene la peor tasa de homicidio y una tasa de suicidio muy lejana de las cifras aceptables. Perú es diferente al resto: cifras bajas de homicidio para el estándar latinoamericano, y cifras bajas de suicidio en comparación con los países desarrollados.

Tabla 7. Comparación entre la tasa de homicidio y la tasa de suicidio (en ambos casos las cifras son anuales, por cada 100 mil habitantes)

País	Homicidio 2015	Suicidio 2015
Argentina	6.5	14.2
Australia	1.0	11.8
Brasil	26.7	6.3
Chile	3.6*	9.9
China	0.7*	10.0
Colombia	26.5	6.1
Costa Rica	11.8	7.7
Cuba	4.7**	14.0
El Salvador	108.6	11.1
España	0.7	8.5
Estados Unidos	4.9	14.3
Francia	1.6	16.9
Guatemala	31.2*	2.5
Honduras	63.8	3.5
Inglaterra	0.9*	8.5
Israel	1.4	5.5
Jamaica	43.2	1.4
Japón	0.3	19.6
Kenia	5.8	6.5
Líbano	3.9	3.1
México	16.3	5.0
Perú	7.2	5.8
Rusia	11.3	20.1
Sudáfrica	34.3	10.7
Venezuela	57.1	3.0

* Las cifras son de 2014.
** Las cifras son de 2011.

Cuando vemos este panorama geopolítico, nos quedan más preguntas que certezas. Por eso resulta indispensable el estudio de los factores sociales y la cultura de los diferentes países. Un estudio publicado en 2016[97] hizo una revisión de la evidencia científica disponible en 116 estudios, y ofrece un panorama bastante útil para comprender los factores demográficos, sociales y culturales que juegan un papel en la conducta suicida. En la figura 8 algunos de los resultados principales reportados en ese artículo. La explicación es la siguiente: en la parte de abajo vemos los diferentes factores: el sexo femenino, el estado civil de separación, el nunca haber estado casado, el tener un alto nivel educativo, así como tener una religión, ingresos económicos bajos o un empleo precario. También se incluye el haber sido sujeto de una migración interna (dentro del mismo país) y la orientación homosexual o bisexual. ¿Qué representan las columnas? Técnicamente, expresan el *odds ratio* o "razón de momios", que es una razón de probabilidades: es decir, expresa qué probabilidad existe de tener una conducta suicida dado que se tienen, por ejemplo, ingresos bajos (en comparación con las personas que no tienen ingresos bajos). Si el *odds ratio* es de 0, significa que es imposible (cosa que no sucede en esta gráfica). Si el *odds ratio* es de 1, significa que existe la misma probabilidad de tener una conducta suicida si se tienen ingresos bajos, en comparación con quienes no tienen ingresos bajos. Si el *odds ratio* es de 2, por ejemplo, significa que se tiene el doble de probabilidad. De esta manera, al ver la tabla podemos comprender que ser mujer aumenta el riesgo (2.98), así como estar separado (2.77), y más aún nunca haberse casado (4.19), o el tener ingresos bajos (4.13), o un empleo precario (1.52). La orientación homosexual o bisexual también aumenta el riesgo (3.18). Algunos factores son protectores, es decir, disminuyen el riesgo: el alto nivel educativo (0.4), la religiosidad (0.59) y el haber realizado una migración interna (0.7).[97]

Ahora bien, lo que hemos expuesto se refiere a la conducta suicida, pero si analizamos fríamente la comisión efectiva del suicidio, podemos ver que los varones se suicidan más que las mujeres, en una proporción de dos a uno, hasta cuatro a uno, según diferentes estudios.[98] Un estudio reciente, de gran interés para la salud mental pública

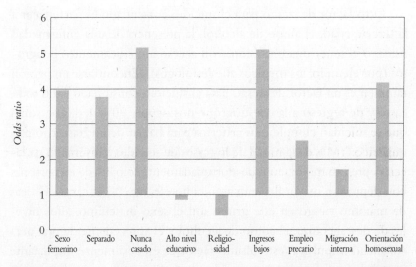

Figura 8. Factores de riesgo y factores protectores relacionados con la conducta suicida.

y la sociología clínica, mostró una asociación estadística entre la muerte por suicidio y los patrones tradicionales de la masculinidad. Estos patrones culturales tradicionales fueron definidos por los autores dentro de tres pilares conceptuales: competitividad, restricción emocional y agresividad. En términos populares, podemos decir que los autores estudiaron si las pautas clásicas del machismo o sexismo masculino ponen en riesgo de suicidio a los varones. Dentro de un grupo de 20 mil 745 adolescentes estudiados entre 1995 y 2014, ocurrieron 22 muertes por suicidio; 21 casos correspondían a varones. Los patrones de masculinidad tradicional (machismo) se asociaron a un riesgo 2.4 veces mayor de morir por suicidio, aunque estos patrones se asociaron a un riesgo menor de reportar intentos suicidas. Esta combinación de pautas aumenta la letalidad: si el estudio se confirma en otras muestras independientes, podremos decir que las pautas sexistas en varones generan una tendencia a ocultar los intentos o las ideas suicidas no letales, o a migrar en forma de manera definitiva hacia intentos letales. Esto dificulta la búsqueda de ayuda y la prevención del suicidio en el grupo de máximo riesgo.

Otro factor de riesgo para el suicidio consumado es pertenecer a la tercera edad, el abuso de alcohol, la presencia de una enfermedad física, o el tener una profesión, con acceso a medicamentos peligrosos (por ejemplo, los médicos anestesiólogos).[6] Encontrarse en prisión también es un factor de riesgo para el suicidio consumado.[98] En todo caso, y de regreso a la cuestión que nos ocupa, 90% de las personas que se suicidan cumplen los criterios para hablar de un trastorno psiquiátrico.[98] Más de la mitad de los casos de suicidio consumado padecen depresión mayor, aunque afortunadamente sólo 4% de las personas con depresión mayor llegarán al suicidio efectivo.[98] Las características de máximo riesgo en este grupo son el sexo masculino, altos niveles de desesperanza, el abuso de alcohol y el antecedente de una personalidad impulsiva (este último factor es especialmente importante en niños y adolescentes).

Después de haber hecho este recorrido un tanto sombrío por la geopolítica y la epidemiología del suicidio, la pregunta obligada es, ¿se puede prevenir el suicidio? Y de manera más específica: ¿se puede prevenir la conducta suicida relacionada con la depresión mayor? Esto nos obliga a considerar otra pregunta: ¿cómo es la evolución clínica del trastorno depresivo?

Algo sobre la progresión
de los estados depresivos

Algunos pacientes con trastorno depresivo mayor pueden mejorar por completo, sin necesidad de un medicamento o una terapia psicológica. ¿Qué tan seguido ocurre esto? Se calcula que una tercera parte de los episodios depresivos se recuperan de manera espontánea, sin tratamiento. Sabemos esto porque las investigaciones contemporáneas se han dedicado a controlar el efecto placebo. El efecto placebo es tan importante en la medicina en general, que me veré obligado a dedicarle un capítulo completo de este ensayo. En todo caso, hay dos terceras partes que no se recuperan espontáneamente. ¿Qué pasa con ellos? La investigación clínica nos muestra que en la mayoría de estos casos la depresión se convierte en un trastorno crónico, recidivante, es decir, con episodios que se repiten y a través de los cuales se da un deterioro clínico progresivo. Una vez que el estado depresivo se ha establecido, se produce una "serie de eventos desafortunados" en el organismo del paciente deprimido. Una síntesis mínima tendría que incluir lo siguiente:

1) Durante los estados depresivos, algunas regiones cerebrales tienen un fuerte incremento en su metabolismo y en su actividad neuronal: esto sucede principalmente en estructuras encargadas de procesar reacciones aversivas frente a estímulos nocivos, o que informan a otras regiones cerebrales acerca de un esta-

do de malestar en el organismo. Estos cambios pueden medirse de manera objetiva con tecnologías de neuroimagen, y se observan en la amígdala del lóbulo temporal y en la corteza de la ínsula.[99,100] También se sabe que este aumento de la actividad se relaciona con los síntomas de ansiedad y las molestias físicas tan frecuentes en los pacientes deprimidos.

2) El aumento de la actividad en estas regiones desencadena una respuesta hormonal exagerada en lo que se conoce como "eje del estrés". Por ejemplo, hay un aumento en las concentraciones del factor liberador de corticotropina, que se encuentra elevado en las víctimas de suicidio y en pacientes con depresión.[101]

3) Esto conduce a su vez a un aumento en la actividad hormonal del eje que va del hipotálamo a la glándula hipófisis, y de ahí a la médula suprarrenal. Esto se ha demostrado de forma consistente en pacientes con depresión mayor que no han recibido tratamiento antidepresivo.[101]

4) La hiperactividad en el eje neural y hormonal del estrés tiene muchas consecuencias. Una de ellas es una reducción de la plasticidad cerebral, que es indispensable para generar nuevas redes neurales frente a los estímulos cambiantes del entorno. Por ejemplo, se ha demostrado que en la depresión mayor hay un funcionamiento deficiente de algunos factores biológicos encargados de la neuroplasticidad. El factor neurotrófico derivado del cerebro es el mejor estudiado. Se sabe que el estrés agudo y crónico, así como el dolor agudo y crónico, disminuyen las concentraciones de la proteína que actúa como con un factor de crecimiento neural.[102] Esto se observa en la estructura más importante para la memoria y el aprendizaje: el hipocampo.

5) La neuroplasticidad deficiente se traduce en una reducción del volumen cerebral en algunas estructuras importantes para la función mental. Esto se puede medir mediante las tecnologías contemporáneas de la imagenología cerebral, en particular con la técnica conocida como volumetría por resonancia magné

tica. Por ejemplo, un estudio midió el tamaño del hipocampo en personas con depresión mayor que no recibían tratamiento, y encontró que mientras más días habían pasado con un estado depresivo no tratado, las pérdidas de volumen cerebral eran mayores.[103] Otra vez, esto sucede en la estructura que tiene como función principal el aprendizaje de experiencias y conocimientos nuevos. No es sorprendente que los pacientes se quejen una y otra vez de problemas para recordar eventos, para aprender cosas nuevas, para concentrarse y tomar decisiones: literalmente están limitados por los cambios patológicos que ocurren en su sistema nervioso.

6) Se puede decir que las neurociencias han estudiado el problema de la depresión y nos han devuelto una imagen que no es muy halagüeña: en la mayoría de los casos, será un problema crónico, recurrente, en el cual hay una deficiencia en la plasticidad cerebral, todo lo cual se resume a veces con otro neologismo: *neuroprogresión*. Sin tratamiento, la depresión se caracteriza por la progresión clínica y biológica hacia el deterioro y la recurrencia. Pero ¿los tratamientos realmente pueden hacer algo al respecto? Para saber si un tratamiento médico o psicológico es efectivo, tiene que demostrar que sus efectos son mejores que los alcanzados mediante el efecto placebo.

Algo sobre el nacimiento
de la psicoterapia

¿Cuándo surgió la idea de que un diálogo periódico entre una persona que sufre y una persona que tiene experiencia en la atención del sufrimiento podría ser útil para aliviar la depresión? Los antecedentes de la terapia psicológica hunden sus raíces en la antigüedad. Las religiones y las tradiciones espirituales han ocupado a lo largo de la historia un espacio donde se busca un alivio para las emociones aflictivas, y donde se obtienen consejos, prescripciones y experiencias significativas por medio de técnicas como la oración, los rituales colectivos, la confesión, el ayuno, la meditación y las prácticas corporales, como sucede en el yoga, el taichí y algunas artes marciales. Estas técnicas acompañan generalmente a los preceptos éticos y morales, y a una concepción metafísica del mundo que significa un mecanismo para afrontar la muerte, las pérdidas y los giros trágicos de la existencia. En los rituales chamánicos a lo largo del mundo se han usado plantas que contienen moléculas capaces de interactuar con el cerebro humano en forma directa, para producir experiencias psicológicas extraordinarias, calificadas por algunos como "alucinógenas" y por otros como sagradas, en función de los sistemas de creencias. Todas estas tradiciones son las raíces de las que surgen las experiencias pioneras de la psicoterapia, porque representan técnicas culturales para desarrollar la influencia interpersonal, en busca de un alivio del sufrimiento. Pero estas técnicas no funcionan bajo la hipótesis de que son herramientas psicológicas para tratar trastornos médicos o psicopatológicos. Su cosmovisión es espiritual, y sus explicaciones del sufrimiento por lo general se basan en creencias sobrenaturales, metafísicas o espirituales.[106] De tal manera, el nacimiento de la psicoterapia solamente ocurrió tras el nacimiento y la consolidación de la psicopatología como una rama de la medicina, y relacionada de manera estrecha con los sistemas legales. Pero hay otros antecedentes en el pensamiento griego, que representan de alguna manera la genealogía intelectual y quizás técnica de la terapia psicológica.

Tal vez el antecedente más directo de la psicoterapia, fuera de las tradiciones espirituales, ocurrió en la antigua Grecia. En su libro *Las sabidurías de la antigüedad: contrahistoria de la filosofía*, el filósofo francés Michel Onfray defiende la tesis de que Antifón de Atenas (480-411 a. C) inventó la psicoterapia. Según Onfray, este antiguo orador, filósofo y matemático, abrió un consultorio cerca del ágora de Corintio. Se supone que Antifón puso anuncios en Corinto para dar a conocer su práctica, en la cual escuchaba las fuentes del sufrimiento de sus pacientes, y posteriormente daba un tratamiento mediante el "verbo curativo", es decir, por medio del lenguaje. Onfray nos informa que Antifón habría escrito un texto titulado *Sobre el arte de escapar de la aflicción*. Este texto ya no existe o es imposible de conseguir, pero si realmente existió, sería la fuente teórica más antigua de algo parecido a la psicoterapia. Desde luego, las ideas de Sócrates en torno a la mayéutica o "parto mental", tal y como nos han llegado a través de los *Diálogos* de Platón, también pueden considerarse ancestros de la psicoterapia, pero en un sentido menos directo o solamente técnico, porque Sócrates no buscaba aliviar el sufrimiento de los pacientes de Atenas, como Antifón, sino usar el diálogo para encontrar el conocimiento y la sabiduría.

La genealogía moderna de la psicoterapia aparece durante los siglos XIX y XX, en Europa, a medida que se consolida la psicopatología y se profesionaliza la medicina neuropsiquiátrica. En ese contexto aparecen las ideas y las prácticas de Pinel, a las que ya me referí en los primeros capítulos de este libro. La "terapia moral" de Pinel significó un ejercicio de escucha y diálogo y de tratamiento compasivo, que reconocía la subjetividad de los pacientes alienados y asilados, los "locos" de la Europa moderna. Esta tradición no desapareció durante el siglo XIX, aunque no tuvo un desarrollo científico o una mayor sofisticación. Un individuo que fue contemporáneo de Pinel durante el paso del siglo XVIII al XIX fue Franz Anton Mesmer, un charlatán que decía curar a los enfermos mediante imanes, y que al final concluyó que él mismo era capaz de influir en el cuerpo y la mente de las demás personas mediante el "magnetismo animal". Su práctica es conocida generalmente como "mesmerismo". Aunque se trata de un charlatán, sus ideas y prácticas fueron importantes para que un cirujano escocés, James Braid, acuñara el término "hipnosis" a mediados del siglo XIX, y desarrollara esta técnica basada en la sugestión. Sus intenciones eran más científicas que las de Mesmer, al menos en teoría, y realizó algunos ejercicios de "autohipnosis" a través de los cuales creía demostrar que la técnica no se basaba en el magnetismo animal, es decir, en la poderosa influencia de un individuo sobre otro, como creía Mesmer, sino en la adopción de técnicas específicas de concentración. En todo caso, la hipnosis fue una idea importante en Europa durante el siglo XIX, y tuvo una influencia especial en uno de los ancestros del psicoanálisis, Jean Martin Charcot. Este imponente médico francés es considerado uno de los padres de la neurología y uno de los más grandes médicos internistas de la historia, pero en la historia que nos ocupa aparece como un practicante de la hipnosis y un estudioso de esa entidad clínica llamada "histeria" (un término sexista que debería desaparecer por su prejuicio implícito, y por su falta de validez científica, pero que aún persiste).

Charcot afirmó que la histeria no era exclusiva de las mujeres, como se creía desde la medicina griega, y formuló el concepto de la "histero-epilepsia", es decir, la existencia de crisis semejantes a las provocadas por la epilepsia, pero que tendrían como fundamento un problema psicológico, la histeria, que facilitaba un estado de trance hipnótico, durante el cual los signos y síntomas desaparecían. Charcot se dio a la tarea de dar demostraciones sobre el poder de la hipnosis en pacientes con histeria, y a sus lecciones acudían los líderes de la medicina europea, entre ellos, Sigmund Freud.

La historia de Freud es demasiado compleja y extensa para los fines de este libro, y ha sido narrada en cualquier cantidad de libros, documentales y películas. Freud ha sido adorado por algunos seguidores, analizado por incontables académicos, deplorado por otros, pero sus trabajos son sin duda el núcleo de donde surge la mayor parte de las escuelas psicoterapéuticas. En síntesis, Freud pensó que los síntomas de la histeria tenían su origen en los estratos inconscientes de la mente humana, y que el acceso a estos estratos se podía llevar a cabo no solamente a través de la hipnosis, sino mediante la interpretación clínica de los sueños, los chistes, los actos fallidos cotidianos, las artes, y que todo esto revelaba la existencia de un nivel inconsciente de la mente que sería formateado por los vínculos afectivos iniciales y por el desarrollo sexual del individuo humano. En su visión, este estrato inconsciente de la mente requería un psicoanálisis, y el psicoanálisis tendría como método central una conversación clínica periódica, en la cual el paciente podría asociar libremente sus ideas para relajar las cadenas de la "represión". La represión sería un mecanismo central en la formación de la personalidad y una restricción para acceder a la mente inconsciente. La técnica del psicoanálisis se estructuró para investigar las profundidades de la psique, y como lo planteara Antifón, para generar una acción terapéutica mediante la palabra, y a través del análisis de lo que Freud llamó "la transferencia", es decir, la influencia inconsciente del analista sobre su paciente.

Las ambiciones de Freud eran inmensas, y él planteó que su técnica no sólo ayudaría a investigar —y curar— la histeria, sino todo el campo de la psicopatología humana, y a interpretar todos los productos del arte y la cultura.[107] Si bien la mayor parte de los supuestos del psicoanálisis no han sido validados por la investigación científica, es indudable que el trabajo de Freud representa la primera biblioteca donde se investigan de forma exhaustiva y sistemática las posibilidades de la terapia psicológica. Sus trabajos dieron lugar a ramificaciones de gran envergadura en los campos de la medicina, la psiquiatría, la psicología, las artes y las humanidades. Sus alumnos disidentes, Alfred Adler y Carl Gustav Jung, crearon sus propias escuelas. La exposición de sus trabajos, muy estimulantes en la esfera intelectual, va más allá de los objetivos de este libro. Al igual que las aportaciones teóricas de los descendientes de Freud: Ana Freud, Karen Horney, Erich Fromm, Melanie Klein, Jacques Lacan, Françoise Dolto, Heinz Hartmann, Heinz Kohut, John Bowlby, todas ellas muy interesantes y apreciadas por los psicoanalistas y por muchos psiquiatras, aunque no son investigaciones realizadas con el método científico.

El lugar del psicoanálisis está a la mitad del camino entre la práctica clínica y las humanidades, pero más allá de las incontables críticas que pueden hacerse y que se han hecho, no hay duda de que esta disciplina es uno de los pilares sobre los cuales se ha construido la psicoterapia.

Uno de los alumnos tardíos del psicoanálisis, el psiquiatra estadounidense Aaron T. Beck, abandonó la práctica del psicoanálisis y desarrolló la disciplina conocida como terapia cognitiva, que busca un enfoque más práctico a los problemas de la salud mental, con menos énfasis en las profundidades de la mente inconsciente, y con una orientación dirigida a identificar los esquemas intelectuales automáticos que llevan al paciente a una distorsión cognitiva de sí mismo y su realidad. Esta identificación y toma de conciencia es seguida de un debate cuidadoso mediante el método socrático, es decir, la mayéutica, para generar una reestructuración cognitiva. En 1967 Beck publicó su libro paradigmático, titulado *La depresión: sus causas y su tratamiento*. Unos años antes había aparecido otra obra de gran importancia en el desarrollo de la terapia cognitiva: *Reason and emotion in psychotherapy* (1962), del psicólogo estadounidense Albert Ellis, quien también tenía fuertes influencias psicoanalíticas, a través de autores como Freud, Jung y Karen Horney, pero eventualmente se desilusionó del psicoanálisis y fundó su escuela, conocida como terapia racional emotiva. Desde entonces se han desarrollado numerosos enfoques teóricos y orientaciones prácticas en el mundo de la psicoterapia.

Al observar el extenso panorama de la terapia psicológica, algunos expertos hacen la siguiente reflexión: la psicoterapia es una disciplina en constante evolución, pero todavía es joven y hay demasiadas pugnas entre escuelas. Es común ver que los partidarios de una escuela descalifican a los demás. Se ha calculado que existen más de 500 escuelas distintas de psicoterapia, cada una con sus variaciones teóricas: es decir, cada una de estas escuelas considera que posee la teoría correcta para el tratamiento de los problemas de la psique humana. Es probable que algunas doctrinas terapéuticas sean más efectivas que otras, y sin duda algunas tienen mejor evidencia científica. Pero desde hace mucho tiempo se ha observado que los mejores terapeutas dentro de cada escuela tienen algunos principios generales para provocar el cambio en sus pacientes.[108] Se requiere buscar y desarrollar un amplio consenso científico acerca de los principios generales que producen el cambio terapéutico más duradero en la mente humana; es decir, lo que los buenos terapeutas de cada escuela son capaces de conseguir al margen de sus diferencias doctrinarias. En otras palabras, quizá sea más útil buscar los principios generales del cambio en vez de poner tanto énfasis en las orientaciones teóricas de cada escuela, que con frecuencia se contradicen entre sí, pero sin que exista suficiente evidencia para sustentar cada doctrina. Dentro de estos principios generales se mencionan los siguientes:[108]

a) Establecer una alianza terapéutica. Esto significa que el clínico debe poseer las habilidades y la disposición para generar confianza en el paciente mediante el profesionalismo, el interés auténtico y la actitud de escucha atenta.

b) Promover una expectativa positiva y un nivel de motivación óptimo en el paciente. Sin esta motivación, el paciente no podrá generar los cambios.

c) Ayudar al paciente a desarrollar una conciencia honesta y clara acerca de los factores que se relacionan con sus dificultades. Esto requiere un conocimiento profundo del paciente que surge como resultado de un diálogo reflexivo bajo condiciones de confianza.

d) Ayudar al paciente a involucrarse en experiencias emocionales capaces de generar un nuevo aprendizaje: los resultados terapéuticos se obtienen no nada más a través de la reflexión, el diálogo intelectual y el intercambio emocional durante la terapia, sino por medio de experiencias nuevas con valor emocional en la vida del paciente. La terapia funciona como un laboratorio para diseñar y analizar los efectos de esas experiencias, pero las transformaciones terapéuticas tienen que extenderse afuera de la terapia. Por ejemplo, aquí se puede mencionar el valor de la "activación conductual": el involucrarse cada vez más en actividades físicas, cognitivas y sociales que aumentan los "minutos buenos" del día y que ayudan al paciente a alcanzar metas acordes con sus valores, y que le ayudan a recuperar su sentido de agencia para transformar las circunstancias, y para recuperar su sentido de vida. El ejercicio es sin duda una herramienta esencial en el trabajo clínico de los pacientes con depresión; hay evidencias sólidas que demuestran un valor en la prevención del problema y en su tratamiento. Y existen también interesantes evidencias mediante estudios de neuroimagen funcional que muestran lo siguiente: el ejercicio moderado es capaz de mejorar el procesamiento cognitivo y atencional mediante la estimulación de redes ejecutivas en el cerebro humano, mientras que el ejercicio intenso podría mejorar el procesamiento emocional mediante efectos en las redes del cerebro emocional (en particular, el sistema de recompensa). Desde el punto de vista psicológico, los dos tipos de ejercicio mejoraron significativamente el estado de ánimo.[109] El trabajo artístico y cultural en un sentido más amplio también puede ser de gran utilidad en este sentido. Esto debe hacerse en todo momento bajo el desarrollo de una conciencia orientada a la realidad: aunque la fantasía es importante en la vida psicológica, el trabajo de la terapia implica ayudarle al paciente a elaborar un diagnóstico realista y paulatino de los problemas, sin sobreestimarlos o evadirlos, porque eso sólo retrasa la recuperación.[108]

Una historia de la psicoterapia nos muestra que, si bien algunas formas de psicoterapia se han formalizado en muchos aspectos durante el siglo XX, son herederas de tradiciones en las cuales se han llevado a cabo acciones como la escucha de los problemas privados del otro, la consejería sobre asuntos interpersonales, el diálogo filosófico, el desarrollo de recursos físicos y mentales para alcanzar estados de paz y armonía, la búsqueda personal de la sabiduría, la reflexión como herramienta para el autoconocimiento… estos recursos han sido ensayados, con mayor o menor acierto, en las tradiciones espirituales, en la filosofía, en las religiones, incluso en prácticas mágicas como el chamanismo americano que combina recursos psicológicos, culturales, y aun farmacológicos, por medio de plantas alucinógenas. En el camino histórico hacia la psicoterapia, se observan cambios progresivos que van de las explicaciones sobrenaturales a las explicaciones naturales, y de allí a la dimensión física del individuo, primero, y finalmente a su dimensión estrictamente psicológica.[104]

Algo sobre la ciencia
del efecto placebo

Es tarea de los investigadores clínicos del siglo XXI escudriñar el amplio abanico de las psicoterapias, para conocer cuáles son las técnicas y los principios capaces de resistir el examen de la ciencia: el objetivo es encontrar la manera en que los individuos pueden ayudarse los unos a los otros a partir de principios racionales, y capaces de proporcionar una curación o un alivio superior a lo esperado por la mera sugestión: en los términos de la ciencia contemporánea, diremos que se trata de ir más allá del enigmático fenómeno conocido desde la antigüedad, pero que hoy empieza a ser un motivo de investigación científica: el fenómeno conocido como "placebo".

LA ANTIGÜEDAD DEL EFECTO PLACEBO

Henry Knowles Beecher fue uno de los primeros investigadores del efecto placebo. Como tantas otras cosas, esto sucedió durante la Segunda Guerra Mundial: observó que los soldados heridos en la zona de combate pedían menos analgésicos que los pacientes con heridas similares en los hospitales civiles. Las diferencias eran muy grandes: 25% de los soldados en la zona de guerra pedían analgésicos, en comparación con 80% de las personas en los hospitales civiles. La hipótesis de Beecher era la siguiente: los civiles heridos anticipaban una mala situación social y financiera, como consecuencia de la discapacidad causada por la herida. Por el contrario, los soldados heridos en combate pensaban que, al sobrevivir, serían removidos del combate y tratados bien posteriormente, social y económicamente. La anticipación de amenazas o de mejores condiciones parecía influir en la respuesta frente al dolor, aunque las heridas fueran similares.[105]

La palabra "placebo" viene del vocablo latín *placere*, que puede traducirse como "complacer" o "satisfacer". El concepto apareció en diccionarios médicos al final del siglo XVIII y principios del XIX, y en aquella época se reconocía que este tipo de remedios era muy utilizado. Los médicos tenían conciencia de que usaban con frecuencia tratamientos sin un efecto específico, sino más bien diseñados para "complacer" al paciente. En el *Diccionario inglés de psiquiatría* de 1958 el placebo se definía como "una preparación que no contiene medicina (o al menos no una medicina específica para la queja en cuestión) y administrada para hacer creer al paciente que recibe tratamiento". El problema del placebo es un tema central en la medicina científica porque muchos problemas clínicos tienen una tasa de respuesta relativamente alta al placebo: por ejemplo, el dolor y la depresión. Algunos maestros suelen decir que, con la excepción de algunos remedios milenarios que siguen siendo efectivos, sólo en los últimos siglos la humanidad cuenta con antibióticos, cirugías curativas y otros recursos efectivos; y, sin embargo, cuando consultamos la historia universal, tal parece que siempre han existido buenos y malos médicos. ¿En qué se basaban los pacientes del pasado remoto para decir que un médico era bueno? ¿La diferencia se debía tan sólo a las actitudes del médico? Es poco probable, como piensan algunos, que antes se conocieran remedios maravillosos que se han perdido. Es más probable que el "buen" médico del pasado tuviera actitudes más profesionales, usara algunos remedios (todavía existentes) capaces de aliviar el malestar, y que muchos de sus efectos dependieran del efecto placebo, frente a enfermedades que no son mortales y que al final pueden resolverse solas. Algunos investigadores han sugerido que la mayor parte de la práctica médica hasta el siglo XVII se basó en el uso del efecto placebo. Muchos remedios tradicionales bien valorados por las comunidades (por ejemplo, algunos remedios homeopáticos) no son superiores al placebo cuando son comparados de forma rigurosa.[106] Por lo tanto, en medicina científica es indispensable que los tratamientos demuestren que son superiores al placebo: es la prueba mínima indispensable para saber que hay un progreso histórico en el manejo de una condición de salud. Entonces viene la pregunta: ¿qué tan efectivo es el efecto placebo?, ¿cuáles son sus límites?

EL EFECTO PLACEBO EN LA DEPRESIÓN MAYOR

Una definición contemporánea de placebo sería la siguiente: "Cualquier terapia o componente de una terapia que se usa deliberadamente por sus efectos no específicos, psicológicos o psicofisiológicos, o que se usa para un pretendido efecto específico, pero que en realidad no cuenta con ese efecto para la condición bajo tratamiento".[4] Lo interesante del efecto placebo es que, si no se basa en un mecanismo farmacológico dado por una estructura química particular, de todas maneras puede ejercer efectos terapéuticos. O también efectos nocivos: cuando el placebo genera efectos adversos (dolor de cabeza, diarrea, náusea o vómito, comúnmente), se le conoce como "nocebo", y no es infrecuente que esto suceda en un experimento clínico.[107] En el caso de la depresión mayor, una revisión sistemática de todos los experimentos clínicos publicados entre 1981 y 2000, para tratar a pacientes con medicamentos antidepresivos en comparación con un placebo, demostró que la respuesta al placebo (definida como la reducción de 50% de los síntomas) era de 29.7%.[108] En otras palabras, cualquier fármaco o psicoterapia que afirme su efectividad debería generar un porcentaje claramente superior a ese 29.7%. El efecto placebo es mayor en algunas condiciones psiquiátricas que en otras, y también puede verse en otras áreas de la medicina: por ejemplo, hay buena documentación en pacientes con dolor o en la enfermedad de Parkinson.[109] Todo esto nos lleva a la pregunta: ¿cómo funciona el placebo?

LA PSICOFISIOLOGÍA DEL EFECTO PLACEBO

Aunque se trata de un tema que merece su propio libro, por el momento voy a exponer una pequeña síntesis de algunos de los mecanismos mejor estudiados para explicar cómo actúa el placebo:

Desde el punto de vista psicofisiológico, sabemos que hay una estrecha conexión entre nuestras funciones intelectuales, que a su vez están influidas por el lenguaje, y nuestras emociones. Las emociones influyen en el intelecto, y a su vez, el lenguaje influye en el procesamiento de las emociones.[116] Por otra parte, las partes de nuestro cerebro que procesan emociones están interconectadas con el sistema nervioso autónomo, que tiene una influencia directa sobre órganos, aparatos y tejidos corporales como el corazón, el pulmón, el tubo digestivo, el aparato reproductor, la piel... De esta manera, se han realizado estudios que demuestran que las "sugestiones verbales" que acompañan al placebo pueden afectar la percepción de los síntomas (por ejemplo, el dolor), pero también la función de los órganos, a través del sistema nervioso autónomo.[111] Por supuesto, estas modificaciones suelen ser transitorias y sólo consiguen efectos modestos (por eso la respuesta al placebo, aun en el mejor de los casos, no consigue aliviar a la mayoría de los enfermos, y su efecto curativo es mínimo o nulo, en especial frente a enfermedades graves o mortales). En todo caso, las "sugestiones verbales" son importantes para generar el efecto placebo, y entre otras cosas, permiten que el médico (o el chamán encargado del ritual) obtenga cierto control de la situación. Por ejemplo, si el malestar es gástrico y las sugestiones verbales apuntan en esa dirección, el placebo puede afectar el movimiento intestinal, pero no las funciones cardiacas o cutáneas.[110] La posible explicación psicofisiológica es que las sugestiones verbales durante el uso del placebo activan redes neurales que almacenan información relacionada con el control del órgano en cuestión, a través de la representación cerebral del sistema nervioso autónomo y lo que se conoce como vías interoceptivas, que registran, por ejemplo, el estado de las vísceras corporales.[110] Por supuesto, las claves para el efecto placebo van más allá de las sugestiones verbales, y pueden enlazar muchos aspectos psicológicos y sociales, como la figura de autoridad del médico o del responsable del procedimiento, su lenguaje corporal, los rituales de sanación, las características de personalidad del enfermo, sus expectativas, sus experiencias previas...

Los estudios contemporáneos de imágenes cerebrales pueden darnos información muy valiosa acerca del efecto placebo en el sistema nervioso. En la Universidad de San Antonio en Texas, la doctora Helen Mayberg reportó una serie de cambios en la actividad cerebral que se presentaban en las personas que respondían a un medicamento antidepresivo, la fluoxetina, pero también en quienes respondían al placebo. Estos cambios se observaban en la corteza prefrontal y en la corteza del cíngulo anterior. Sin embargo, en las personas que usaban el medicamento antidepresivo se observaron cambios más extensos y también se presentaron cambios en estructuras que no fueron modificadas por el placebo, como es el caso de la corteza de la ínsula.[111] Esto nos lleva al siguiente punto: probablemente hay mecanismos comunes entre el efecto placebo y los tratamientos psicológicos o biológicos para la depresión mayor. Pero los tratamientos aprobados por el método científico deberían ser claramente superiores.

¿QUÉ TRATAMIENTOS SON EFECTIVOS PARA EL TRATAMIENTO DE LA DEPRESIÓN MAYOR?

Para poder comparar los tratamientos psicológicos o biológicos en términos de eficacia, es necesario tener algún sistema de referencia; de otra manera, los fanáticos de cada campo declaran sin mayor problema que su terapia es la mejor, es una maravilla, puede curarlo todo, desde la gripa hasta el cáncer... todos hemos visto esta clase de exageraciones charlatanescas. A fin de cuentas, si queremos seguir el camino de la ciencia, se requiere tener algún sistema de medición. En la siguiente tabla se presentan los diferentes niveles de la evidencia científica, con los cuales ganamos certeza para recomendar un tratamiento. Con estos parámetros, se pueden comparar incluso cosas tan distintas como las psicoterapias, los medicamentos, la medicina alternativa.

En los niveles más bajos tenemos la opinión de los expertos. A medida que sube el nivel de la evidencia aparecen estudios que hacen observaciones rigurosas y comparaciones estadísticas, aunque no hacen experimentos en el sentido estricto: éstos son los estudios de cohortes o los de casos y controles. Arriba aparecen los verdaderos experimentos clínicos, en los cuales idealmente ni el paciente ni el investigador saben si se está administrando un placebo o un tratamiento activo; esto se hace con la finalidad de evitar resultados basados en la sugestión o trampas (los cuales, tristemente, son muy humanos, no sólo entre charlatanes, sino también entre científicos que anhelan las recompensas inherentes al éxito). En lo más alto de la tabla están los estudios que otorgan el máximo nivel de evidencia: me refiero a los metaanálisis, que (cuando están bien hechos) combinan matemáticamente los resultados de muchos experimentos para dar un resultado basado en un mayor número de pacientes, lo cual aumenta la precisión y la capacidad de predicción. Esto no significa forzosamente que los tratamientos que están en los grados más bajos sean menos eficaces: es posible que no hayan sido investigados lo suficiente. La tabla tan sólo nos orienta para saber cuándo podemos estar más o menos seguros de la eficacia de un tratamiento.

Tabla 8. Criterios para el nivel de evidencia en estudios clínicos

Nivel de evidencia	Criterio
1	Metaanálisis con resultado muy consistentes, o dos más ensayos clínicos controlados, de preferencia en comparación con el placebo.
2	Metaanálisis con resultado muy variables o un ensayo.
3	Ensayo clínico pequeño o sin aleatorización; estudios prospectivos bien controlados; estudios de casos y controles bien controlados, estudios retrospectivos de alta calidad.
4	Consenso de expertos, opiniones de expertos.

Creo que ya es momento de analizar las evidencias científicas en relación con la psicoterapia, los medicamentos y otros métodos de tratamiento enfocados en aliviar el sufrimiento de la depresión mayor.

Algo sobre la eficacia
de la psicoterapia

Quizá el método más popular para el tratamiento de la depresión mayor es la psicoterapia, pero decir esto es como señalar un bosque lleno de árboles. Hay una gran cantidad de terapias psicológicas, y es difícil hacer afirmaciones generales acerca de su efectividad. También es cierto que hay algunas corrientes que no han considerado prioritario investigar los resultados de sus intervenciones con los recursos del método científico.

En la mayoría de los sistemas psicoterapéuticos hay principios comunes, como la identificación de los problemas, que requiere un lenguaje más o menos especializado para nombrar los conflictos psicológicos. Por lo general hay un proceso a través del cual el individuo aprende, durante la terapia, una explicación acerca de las causas modificables de sus conflictos, y de esto deriva habitualmente una prescripción, que puede tomar muchas formas, dentro y fuera de la terapia.[104] En todo caso, la ciencia de la psicoterapia, y sus formas pseudocientíficas, son temas demasiado amplios: tendré que limitarme a contestar brevemente: ¿cuál es la evidencia científica de que la psicoterapia es útil en el manejo de las personas con depresión mayor? Para contestar la pregunta me basaré sobre todo en la revisión exhaustiva que realizó el grupo de trabajo de expertos canadienses en ansiedad y depresión, que reúne a médicos y psicólogos académicos, quienes se dieron a la tarea de revisar 167 estudios científicos, la mayor parte de ellos experimentos clínicos en los cuales se administró psicoterapia a personas con depresión mayor, así como en otras guías de tratamiento clínico. Estas guías representan el consenso de los expertos en torno a la evidencia científica.

La mayoría de los estudios muestran que la psicoterapia tiene una eficacia similar a los medicamentos antidepresivos, excepto en el caso de la depresión crónica: en tal situación, el manejo combinado de fármacos y terapia es mejor que el uso de la terapia solamente.[120] Por el momento, la evidencia más aceptada es que la psicoterapia es útil en todos los niveles de severidad de la depresión, aunque su inicio de acción es más lento que en el caso de los fármacos, por lo que en los casos severos se prefiere el uso inmediato de medicación, aunque se administre la terapia psicológica.[120]

Tabla 9. ¿Medicamentos o psicoterapia? Comparación entre las principales guías clínicas para el tratamiento de la depresión

Guía clínica	Depresión leve	Depresión moderada	Depresión grave
Asociación Psiquiátrica Americana, 2010	Psicoterapia	Psicoterapia Medicamentos	Medicamentos Terapia combinada
Red Canadiense para la Ansiedad y la Depresión (Canmat, 2016)	Psicoterapia	Medicamentos	Medicamentos
Asociación Británica de Psicofarmacología (2015)	Psicoterapia	Psicoterapia Medicamentos	Medicamentos Terapia combinada
Colegio Real de Psiquiatras de Australia y Nueva Zelanda (2015)	Psicoterapia	Psicoterapia Terapia combinada	Terapia combinada

Como se puede ver en la tabla 9, el consenso científico indica que la psicoterapia puede y debe ofrecerse en la depresión leve: en esos casos, se considera el tratamiento principal, ya que para los medicamentos no se tiene evidencia sólida de eficacia. En los casos de depresión moderada, la terapia farmacológica se considera eficaz y necesaria, o bien la psicoterapia. El manejo combinado mediante psicoterapia y medicamentos también se considera eficaz y seguro.

En la depresión grave, las mejores evidencias apuntan al uso de medicamentos o terapia combinada.[120,121]

Algunas circunstancias especiales deben tomarse en cuenta, por ejemplo, cuando una mujer embarazada no desea tomar medicamentos por miedo a los efectos sobre su hijo.[112] Aunque hay tratamientos farmacológicos seguros en esa situación, la preferencia de la paciente es importante. También hay situaciones en las cuales los pacientes prefieren no usar medicamentos antidepresivos, porque ya usan muchos medicamentos y los costos de un nuevo fármaco son considerables. En tales circunstancias, se han hecho experimentos clínicos basados en terapia grupal en instituciones públicas, a bajo costo y con resultados aceptables.[113] La psicoterapia cognitivo-conductual ha demostrado una eficacia similar en todas las formas clínicas de la depresión (melancólica, atípica y ansiosa), excepto en el caso de la depresión psicótica, en donde no parece tener efectividad.[112] Al analizar la eficacia de la psicoterapia, no parecen existir diferencias en cuanto a sexo, edad o niveles de educación.[2]

La mayoría de los estudios muestra que la psicoterapia tiene una eficacia similar a los medicamentos antidepresivos, excepto en el caso de la depresión crónica: en tal situación, el manejo combinado de fármacos y terapia es mejor que el uso de la terapia solamente.[112] Por el momento, la evidencia más aceptada es que la psicoterapia es útil en todos los niveles de severidad de la depresión, aunque su inicio de acción es más lento que en el caso de los fármacos, por lo que en los casos severos se prefiere el uso inmediato de medicación, aunque se administre la terapia psicológica.[112]

¿Qué otros factores médicos y psiquiátricos influyen en el resultado de la psicoterapia? Al parecer, los individuos que tienen depresión y además trastornos de ansiedad, adicciones o trastorno por déficit de atención con hiperactividad, son buenos candidatos para recibir psicoterapia.[112] En el caso de las enfermedades físicas, hay evidencia (que no es definitiva) acerca de la eficacia de la terapia cognitivo-conductual para tratar la depresión que se presenta en pacientes con cáncer, infección por VIH, migraña, epilepsia.[112] En el caso de las enfermedades cardiovasculares, tanto la terapia cognitivo-conductual como la terapia interpersonal han demostrado eficacia para mejorar la depresión.[112]

¿Qué factores del psicoterapeuta mejoran el desenlace? La Asociación Americana de Psicología estudió los factores específicos de la
relación entre el terapeuta y el paciente, y concluyó que algunos factores tienen eficacia demostrada, mientras que otros tienen eficacia
probable, y finalmente hay factores prometedores, pero con evidencia
insuficiente. Aquí resumo esos puntos, que son de gran importancia,
independientemente del tipo de terapia que se administre:

1) Eficacia demostrada: en primer lugar, aparece *el establecimiento
   de una alianza terapéutica*, basada en un trabajo de colaboración,
   con acuerdo en cuanto a las metas que deben alcanzarse, las
   actividades a realizar durante la terapia, y en una relación de
   confianza. En segundo término, viene el concepto de *empatía*,
   es decir, la capacidad de comprender al otro y de establecer
   una buena sintonía en la comunicación. Finalmente, tenemos
   la retroalimentación del paciente: monitorear la respuesta del
   paciente a cada maniobra implementada durante la terapia es
   esencial.

2) Factores de eficacia probable o prometedores, pero sin evidencia suficiente: aquí aparecen conceptos como la *actitud positiva
   y de respeto del terapeuta*, que hace sentir al paciente dentro de
   una relación donde se promueve su sentido de dignidad; también se incluye aquí *la actitud genuina* del terapeuta, que repor-
   ta con honestidad sus propias experiencias durante la sesión;
   otro factor incluido aquí es la *reparación de las rupturas en la
   alianza terapéutica*, que significa reconocer y resolver tensiones
   y conflictos que se generan dentro de la relación terapéutica.
   Y finalmente, dentro de estos factores aparece el *manejo de la
   contratransferencia*, es decir, la adquisición por parte del terapeuta de una dirección consciente de sus propios sentimientos, provocados por el estilo interpersonal del paciente o por
   los propios conflictos no resueltos del terapeuta.

¿QUÉ TERAPIAS PSICOLÓGICAS SON MÁS EFECTIVAS PARA EL TRATAMIENTO DE LA DEPRESIÓN MAYOR?

De acuerdo con una revisión exhaustiva de la evidencia científica, se puede decir que algunos tratamientos tienen eficacia comprobada:

1) *La terapia psicodinámica prolongada* es esencialmente una forma de terapia derivada de los conceptos clásicos del psicoanálisis de Sigmund Freud y sus seguidores. Esta forma de tratamiento enfatiza el estudio a profundidad de los aspectos conscientes y sobre todo inconscientes de la biografía del paciente, y pone su énfasis terapéutico en el papel de la transferencia y la contratransferencia. Con estos términos técnicos nos referimos a la proyección de imágenes, estados afectivos y fantasías inconscientes del paciente hacia su terapeuta, pero también del terapeuta hacia su paciente, con el objetivo de generar una reconstrucción de los estilos de relación afectiva del paciente hacia las personas significativas en su vida, para alcanzar un mejor balance entre las capacidades de amar y las capacidades de trabajar. Aunque esta forma de terapia en sus muy diversas ramificaciones tiene representantes en todo el mundo, la evidencia científica de su utilidad en el tratamiento de la depresión mayor es insuficiente,[120] aunque podría ser uno de los tratamientos más útiles cuando la depresión aparece en el contexto de problemas de personalidad graves, como el trastorno limítrofe de la personalidad.[123] En parte, la falta de evidencia científica de estas formas de psicoterapia psicodinámicas se debe a que la mayoría de los psicoanalistas hace fuertes críticas a la psicología científica, la considera superficial, la acusa de ser excesivamente "positivista" y de perder de vista las profundidades de la psique humana. En todo caso, esa actitud ha tenido por efecto la falta de generación de información válida y confiable según los estándares científicos de la medicina, o de la psicología. El resultado es la incertidumbre. Aquí viene al caso el pequeño trabalenguas que se usa en el mundo de las

ciencias médicas: "La falta de evidencia de eficacia no es evidencia de falta de eficacia". Es posible que la psicoterapia psicodinámica sea más eficaz de lo que creemos, o menos, pero no hay suficiente evidencia para afirmar una cosa o la otra.

2) *La terapia cognitivo-conductual* es un sistema intensivo, limitado en tiempo, enfocado en los síntomas, que funciona bajo la premisa de que la depresión mayor es sostenida por un conjunto de conductas inútiles y creencias distorsionadas acerca de uno mismo, los demás y el futuro. Las intervenciones conductuales tienen como propósito aumentar la participación de los pacientes en actividades que promueven el gozo y los logros, para modificar de esta manera el estado de ánimo depresivo. Las técnicas cognitivas ayudan al paciente a evaluar qué tan exactos son sus pensamientos negativos. Uno de los aspectos esenciales de este tipo de terapia consiste en desarrollar habilidades durante la terapia para ponerlas en práctica posteriormente afuera del consultorio, en el mundo cotidiano del paciente. Ésta es una de las terapias con mejor evidencia de eficacia durante los episodios depresivos, y también tiene la mejor evidencia como terapia de mantenimiento.[112]

3) *La terapia interpersonal* se orienta a la identificación y el manejo de los principales factores de estrés que provocan el inicio y el mantenimiento de la depresión, basada en cuatro áreas: el duelo, los cambios de rol social, las deficiencias sociales debidas a una excesiva sensibilidad interpersonal, y las disputas con los seres queridos. Ésta es una de las terapias con mejor evidencia de eficacia durante los episodios depresivos, y también hay una evidencia moderada de su utilidad como terapia de mantenimiento.[112]

4) *La terapia de* mindfulness se ha puesto de moda en el mundo occidental, especialmente en Europa, Norteamérica, y de manera creciente en América Latina. En realidad, es una adaptación de los métodos orientales milenarios desarrollados en el Tíbet y la India, y conocidos como "prácticas contemplativas" o "meditación". En la práctica clínica con frecuencia se

usa en forma grupal como un método para desmantelar procesos cognitivos nocivos que refuerzan el estado depresivo.[112] De manera sorprendente, esta técnica ha generado un gran interés en los ambientes universitarios, ha sido sometida a muchos escrutinios científicos, y ha obtenido un nivel moderado de evidencia como un tratamiento auxiliar en personas que reciben medicamentos para la depresión.[112]

¿La combinación de psicoterapia y medicación ofrece los mejores beneficios? Todo parece indicar que así es, según un estudio reciente de metanálisis,[5] que incluía 52 estudios, con un total de 3 mil 623 pacientes. Los diagnósticos eran la depresión mayor y los trastornos de ansiedad. Los resultados mostraron de forma convincente que el tratamiento combinado fue superior al tratamiento con antidepresivos solamente. Al parecer, los beneficios se observaron por un periodo de dos años. Por lo tanto, afirman los autores, el uso exclusivo de medicamentos para el tratamiento de la depresión mayor no es la manera óptima de proporcionar la atención necesaria.[115]

Algo sobre la neurociencia
de la psicoterapia

Un tema de gran interés en la ciencia contemporánea se refiere a los efectos de la psicoterapia sobre las redes neuronales. Es verdad que la terapia psicológica actúa a través de la comunicación y la interacción entre dos o más personas, sin el empleo de medicamentos, cirugía, o de otras técnicas físicas o químicas. Sin embargo, la evidencia es cada vez más sólida en cuanto a los cambios en la actividad cerebral que pueden inducirse mediante el lenguaje y la actividad interpersonal. En un plano filosófico de discusión, todo esto es relevante, pues supera la separación tradicional entre el cuerpo y la mente.

Un estudio pionero evaluó el metabolismo cerebral de personas con depresión mayor, mediante un equipo tecnológico llamado tomografía por emisión de positrones (PET, por sus siglas en inglés). Este equipo permite a los investigadores medir los cambios metabólicos que se producen en el cerebro durante la actividad mental, sensorial o motora. Los pacientes llevaban al menos seis meses sin recibir tratamiento: 13 pacientes fueron tratados con psicoterapia interpersonal y 15 recibieron un medicamento antidepresivo llamado venlafaxina. Seis semanas después de iniciar el tratamiento, ambos grupos habían mejorado significativamente, con una ligera ventaja para los que recibieron el medicamento. Al repetir el estudio de PET, se observaron cambios significativos en ambos grupos, pero los pacientes con psicoterapia tenían un signo distintivo: un cambio de actividad en una región cerebral conocida como "giro del cíngulo posterior".[116] Esta estructura, que se observa en la figura 9, está relacionada con el procesamiento de emociones.

Aunque los estudios de imágenes cerebrales y psicoterapia no son muchos, la técnica mejor investigada es la terapia cognitivo-conductual. Entre otras cosas, esta terapia busca modificar las distorsiones cognitivas de los pacientes con depresión (es decir, los patrones de pensamiento que distorsionan la realidad mediante expectativas negativas exageradas). Las distorsiones cognitivas, a su vez, llevan a los pacientes a desarrollar comportamientos inadecuados, y esto produce malos resultados, con lo cual se genera un círculo vicioso. De manera hipotética, se dice que este defecto cognitivo-conductual podría estar asociado a un funcionamiento alterado en la corteza prefrontal, ya que esta parte del cerebro se especializa en el análisis de los problemas del individuo para buscar las alternativas más eficaces. Se sabe que la corteza prefrontal tiene un funcionamiento deficiente en la depresión mayor. Por lo tanto, si la terapia cognitivo-conductual trata de corregir esas distorsiones cognitivas, también debería "normalizar" la actividad de la corteza prefrontal. Con esta hipótesis de trabajo, se han llevado a cabo varios estudios en centros de investigación de Norteamérica y Europa, que analizan sobre todo los cambios en el metabolismo cerebral provocados por la terapia, mediante la técnica de PET, o lo cambios en la respuesta hemodinámica (es decir, los cambios de flujo sanguíneo cerebral en respuesta a la actividad mental) mediante la técnica conocida como resonancia magnética funcional. Sin embargo, como suele suceder, los resultados obtenidos no son siempre los que esperamos. Un grupo de investigadores hicieron una revisión sistemática del tema[117] para encontrar los patrones comunes, y los resultados fueron los siguientes:

1) Se encontraron 10 estudios de imágenes cerebrales. En todos los casos se demostraron cambios en la función cerebral con el uso de la terapia. No se observó, de manera consistente, la esperada normalización de la actividad prefrontal.

2) De todos los cambios inducidos por la terapia en pacientes con depresión, el más consistente fue la disminución de la actividad del cíngulo anterior, en su parte dorsal.

3) ¿Qué significa todo esto? En realidad, se trata de una buena noticia, ya que esta parte del sistema nervioso, que se observa en la figura 9, forma parte del circuito cerebral de las emociones, pero de hecho es una región que se especializa en la respuesta emocional frente a amenazas y estímulos dañinos para el individuo, independientemente de que se trata de estímulos físicos o sociales. Por ejemplo, es una región que se activa cuando hay fenómenos de dolor social. En casos extremos de dolor intratable, o en pacientes con algunos trastornos mentales graves que no responden a ningún tratamiento, se llega a realizar una lesión en esta zona, que la desactiva y alivia el sufrimiento.

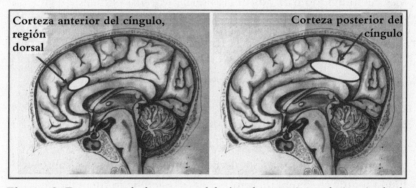

Figura 9. Dos partes de la corteza del cíngulo anterior: a la izquierda, la corteza anterior del cíngulo en su región dorsal, que se activa en respuesta a estímulos nocivos, y que disminuye su actividad con terapia cognitivo-conductual. A la derecha, la corteza posterior del cíngulo, que procesa emociones positivas, y que debe activarse con el tratamiento antidepresivo, como sucede con la terapia interpersonal.

Una vez que hemos hecho un pequeño recorrido por el efecto placebo, los estudios de eficacia de las terapias psicológicas en la depresión mayor, y finalmente, la neurociencia de la psicoterapia, creo que estamos preparados para aceptar que, más allá de que la intervención sea psicológica o médica, para aliviar a los pacientes con depresión mayor se requiere un cambio en los patrones de actividad, no sólo de su intelecto y sus emociones, sino también de su sistema nervioso. Ése es el objetivo, por supuesto, de las intervenciones biológicas tantas veces criticadas: los medicamentos antidepresivos. ¿Qué pueden decirnos las ciencias médicas al respecto? ¿Son mejores que el placebo? ¿Cuáles son sus beneficios clínicos? ¿Sabemos cómo funcionan realmente?

Algo sobre la invención
de los medicamentos antidepresivos

En los tiempos de Hipócrates se hicieron descripciones de la melancolía y la manía, pero en el *Corpus Hippocraticum* no existían tratamientos eficaces. Las obras completas de Paracelso, el gran médico que marca la transición de la Edad Media al Renacimiento, tampoco mencionan algo de valor terapéutico. En el *Tratado de psiquiatría* de Emil Kraepelin el capítulo sobre la locura maniaco-depresiva tiene 200 páginas, pero sólo dos están dedicadas al tratamiento de los estados depresivos, en las cuales recomienda "sales de bromo; ocasionalmente, también somníferos y baños nocturnos con duchas frías; en casos de intensa angustia, se administra opio, solo o combinado con bromo [...] A esto hay que añadir el cuidado de una alimentación abundante y digestión regular, reposo en cama y estancias al aire libre".[10] Respecto al tratamiento psicológico, "habrá de limitarse fundamentalmente a mantener alejados los estímulos emocionales. En la medida de lo posible, deben evitarse las conversaciones largas, las cartas y las discusiones de trabajo".[10] Como puede verse, las medidas de tratamiento eran realmente escasas. El propio Kraepelin no muestra ningún entusiasmo por las medidas que prescribe, y aclara que son medidas generales o de apoyo, que no cambian realmente el curso de lo que para él era la enfermedad. Al finalizar el siglo xx, un tratado de farmacología del sistema nervioso popular, como el libro *Essential Psychopharmacology*, de Stephen M. Stahl, contiene unas 200 páginas solamente para referirse al tratamiento de los trastornos afectivos. ¿Cómo hemos pasado de dos a 200 páginas?

Hay muchas maneras de contar este relato, pero hay un gran consenso en torno a la importancia que tuvo la iproniazida, un medicamento del grupo de las hidrazinas, con utilidad para la tuberculosis. En 1874 Emil Fisher, uno de los padres de la química orgánica, descubrió por casualidad la fenilhidrazina, que pertenece al grupo de las hidrazinas. Pero este conocimiento permaneció olvidado hasta el final de la Segunda Guerra Mundial. El ejército alemán almacenaba grandes cantidades de hidrazinas como parte de su combustible para los siniestros cohetes V2.[118] En ese contexto, la fenilhidrazina volvió a sintetizarse, y accidentalmente se descubrió que tenía propiedades antituberculosas. Hay que recordar que en aquellos días la tuberculosis era una de las enfermedades que ocasionaba más muertes y discapacidad en el mundo. Se sintetizaron cientos de compuestos derivados de las hidrazinas y se probaron en ratones infectados con la bacteria *mycobacteriun tuberculosis*, el agente responsable de esa enfermedad que invade los pulmones, y eventualmente cualquier órgano de nuestro cuerpo. En 1952 uno de los compuestos con propiedades más potentes para combatir a la tuberculosis fue puesto a prueba en varios hospitales del estado de Nueva York. El medicamento fue llamado iproniazida. Su efectividad fue asombrosa: en 1950 la tasa de mortalidad por tuberculosis era de 188 muertes por cada 100 mil habitantes. En 1952, tras la introducción del fármaco, la tasa bajó a cuatro muertes por 100 mil habitantes.[118] Pero el uso de iproniazida tuvo una serie de "efectos adversos" muy interesantes: los pacientes con tuberculosis tratados con el fármaco reportaron un efecto estimulante, euforia, mejoría del sueño y del apetito. Según estas observaciones preliminares, los pacientes se volvían "inapropiadamente felices". Es decir, el fármaco eliminaba la bacteria, pero parecía interactuar con el sistema nervioso para aliviar los síntomas de la depresión, lo cual era inesperado. Aunque el medicamento estaba indicado para la depresión, muchos clínicos empezaron a usarlo en pacientes con depresión mayor, sin tuberculosis. Una vez que se sumaron las observaciones y se hicieron estudios más formales, se estimó que estos efectos terapéuticos se observaban en 70% de los pacientes con depresión.[128]

Otras cosas interesantes pasaron en 1952: se descubrió que uno de los efectos de la iproniazida consiste en inhibir una enzima (es decir, una proteína) llamada monoaminooxidasa. En el cuerpo humano (y particularmente en el sistema nervioso) esta enzima, que se abrevia como MAO, es uno de los agentes más importantes en el metabolismo de un neurotransmisor muy famoso y del que ya hablamos en otro momento: la serotonina. Entre otras cosas, la MAO participa en la transformación química de la serotonina, que al final la convierte en un compuesto inactivo desde el punto de vista biológico: el ácido 5-hidroxiindolacético (5-HIAA). En animales de experimentación, se pudo observar que, al inhibir la MAO, el uso de iproniazida aumentaba significativamente los niveles de serotonina cerebrales (y también los de noradrenalina y dopamina). También se observó que tenía efectos muy interesantes en la conducta animal: algo así como un efecto "estimulante". Con el tiempo, apareció otra molécula para tratar la tuberculosis, con menos efectos adversos, y el uso clínico de la iproniazida fue abandonado. De todas maneras, cuando se estableció la conexión entre estos efectos en modelos animales, con el incremento en la serotonina cerebral, y los resultados del uso clínico en pacientes con tuberculosis, para muchos investigadores fue claro que una nueva avenida científica se había abierto.[118] La hipótesis era que la depresión podía mejorar con medicamentos que interactuaban con el sistema de serotonina.

En los años siguientes se desarrollaron moléculas que inhibían la enzima MAO, al igual que la iproniazida, y tenían claros efectos antidepresivos. Se comercializaron con éxito, aunque eventualmente han ido saliendo del mercado porque tienen efectos adversos potencialmente peligrosos. El lugar central lo ocupó otro grupo de moléculas conocidas como antidepresivos tricíclicos. La historia de estos medicamentos también es accidentada.

Los medicamentos que llegarían a dominar el mercado tienen una historia igualmente accidentada. En 1883 el profesor Heinrich Bernthsen, de Alemania, sintetizó una molécula que pertenecía al grupo químico de las fenotiazinas, pero en su momento no se le encontró ninguna utilidad. En 1948 esa molécula se usó como la base para sintetizar 42 derivados que tenían efectos antihistamínicos. Hoy en día los fármacos antihistamínicos se usan para tratar alergias, y para quitar la comezón en la piel (o como le llaman los médicos para ser más elegantes, el "escozor"). Pero en esa época se pensó que podían tener efectos sedantes. Una de estas sustancias fue enviada al científico Roland Kuhn, quien no creía en sus efectos como "pastilla para dormir", pero observó un "efecto positivo". A pesar de que el doctor Kuhn estaba muy influido por las doctrinas psicoanalíticas, observó que esta sustancia tenía propiedades terapéuticas en pacientes con depresión psicótica. Tres pacientes mejoraron significativamente en sólo tres semanas. En 1956 Kuhn declaró que el medicamento en cuestión, llamado Imipramina, podría considerarse con toda propiedad un medicamento antidepresivo; 37 pacientes más fueron tratados con éxito.[127]

Los resultados iniciales fueron recibidos con escepticismo, porque en aquellos años la doctrina dominante era el psicoanálisis, que suponía que las "reacciones depresivas" o la "neurosis depresiva" era el resultado de conflictos intrapsíquicos, y como tal, no había una base biológica, ni tenía sentido buscar una medicación antidepresiva. Poco a poco, los efectos clínicos de la Imipramina fueron evidentes para los investigadores clínicos, y en 1958 el medicamento se comercializó con el nombre de Tofranil. El primer experimento clínico en el cual la Imipramina se comparó con placebo ocurrió en 1959.[127] Esto señala un momento importante, porque muchos progresos se potenciaron unos a otros: innovaciones químicas, cambios en el concepto clínico de la depresión, y también avances en la metodología de la ciencia. En 1965 se realizó el primer metaanálisis, es decir, una combinación matemática de los experimentos en los que se comparó la Imipramina con el placebo. Éstos fueron los resultados: se reunieron 23 estudios, con un total de 999 pacientes; 550 fueron tratados con Imipramina y 459 con placebo. Entre los pacientes tratados con el medicamento, 65% mejoró. En los grupos tratados con placebo hubo mejoría en 31% de los pacientes.[127] Desde entonces se dice que el tamaño del efecto de los medicamentos antidepresivos es de 30%:

es decir, la diferencia entre el medicamento activo y el placebo es de 30%. Como recurso didáctico, los profesores hablan de una "regla de los tercios". Se trata de una idea intuitiva nada más, pero que ayuda a sintetizar el problema: de cada 100 pacientes tratados, aproximadamente una tercera parte podría mejorar con el uso del placebo, sin necesidad de un medicamento antidepresivo. Pero hay una tercera parte del grupo de pacientes que no mejoraría con el placebo y que requiere el uso del medicamento. Y hay una tercera parte del grupo que no mejorará ni con una cosa ni con la otra. Son los pacientes con "depresión resistente al tratamiento". Esta idea nos sirve en la práctica clínica porque nos recuerda que no todos los pacientes tienen una remisión espontánea. El medicamento tiene un valor terapéutico que supera al placebo. Pero no hay "productos milagro" ni panaceas que puedan resolverlo todo.

En general, las investigaciones con los nuevos antidepresivos surgidos en la segunda mitad del siglo XX y a principios del siglo XXI confirman la regla de los tercios. Cada vez hay más opciones de tratamiento, con menos efectos adversos y mejores márgenes de seguridad, pero no hay avances tan evidentes en términos de eficacia. Aún hay pacientes que no responden a las intervenciones, y que tienen una evolución hacia la cronicidad, la discapacidad y, en algunos casos, hacia el suicidio. ¿Se puede hacer algo para aliviar su sufrimiento? Eso es un reto todavía vigente de muchas investigaciones.

Algo sobre el diseño
de los medicamentos antidepresivos

Los medicamentos antidepresivos fueron descubiertos mediante la serendipia, es decir, un mecanismo de la creatividad científica en el cual algunos fenómenos casuales son detectados por el ojo experto, y luego transformados en hipótesis científicas que se ponen a prueba formalmente. La historia empieza con un medicamento para la tuberculosis, y sigue con el descubrimiento de un mecanismo de acción, la inhibición de la monoaminooxidasa, una enzima involucrada en el metabolismo de tres neurotransmisores: la dopamina, la noradrenalina y la serotonina. Las causas de la depresión no pueden reducirse a una deficiencia de esos neurotransmisores. Sin embargo, el estudio sistemático de esos mensajeros químicos catalizó el desarrollo dirigido y deliberado de muchos fármacos que superaron las pruebas correspondientes y entraron al mercado cada vez más grande de los medicamentos antidepresivos. Sin duda, el caso paradigmático para entender este proceso es el diseño y la comercialización de la fluoxetina, que inauguró una clase nueva de antidepresivos y se transformó en un fenómeno cultural.

El descubrimiento de la fluoxetina fue el resultado de una compleja metodología científica, realizada por científicos de la empresa farmacéutica Eli Lilly, mediante el uso de sinaptosomas, que son fragmentos celulares que contienen terminales nerviosas, y por lo tanto, permiten estudiar la maquinaria de la transmisión química de los impulsos nerviosos. En las terminales nerviosas se encuentran los "botones sinápticos", que contienen neurotransmisores, como la dopamina y la serotonina. El uso de sinaptosomas permite evaluar si un medicamento interactúa con un mensajero químico en particular, sin afectar las funciones de otros mensajeros químicos. De esta manera se observó que el compuesto LY82816 interactuaba con el sistema de serotonina, sin afectar de manera significativa otros sistemas de neurotransmisión. De forma más específica, aumentaba el efecto de la serotonina alargando su presencia en el espacio microscópico entre dos neuronas, conocido como espacio sináptico. Esto se debía a que el compuesto LY82816 inhibía la actividad de una proteína encargada de capturar a la serotonina y transportarla al interior de la neurona, donde se metaboliza. Esta "inhibición selectiva de la recaptación de serotonina (ISRS)" prolongaba el efecto biológico de la serotonina. Así nació una nueva clase de medicamentos conocidos como ISRS, y el compuesto LY82816 fue nombrado fluoxetina, pero su nombre comercial tuvo más repercusión en la cultura popular. Me refiero al célebre Prozac. El mérito científico y una estrategia mercadotécnica inédita lo convirtieron en un rotundo éxito.

El nombre del fármaco se usó en un filme estadounidense llamado *Nación Prozac* (2001), que realizó una mirada cultural a la psiquiatría. Un par de libros usaron ese nombre para debatir cuestiones de psicología social y filosofía: *Escuchando al Prozac*, del doctor Peter D. Kramer, quien usó un subtítulo muy elocuente: *Un psiquiatra explora los medicamentos antidepresivos y la reconstrucción de uno mismo*. El interés de Kramer, a través de estudios de caso, era analizar hasta qué punto el Prozac iba más allá de una acción terapéutica estricta sobre los síntomas de la depresión, para generar una transformación más profunda del temperamento y, por lo tanto, de la personalidad. Una de sus observaciones fue la siguiente: al parecer algunos pacientes dejaban atrás un temperamento inhibido socialmente, para desarrollar rasgos de lo que sería una personalidad "hipertímica", más energética y extrovertida, y por lo tanto más atractiva socialmente. Kramer elabora el concepto de "psicofarmacología cosmética" para referirse al riesgo de que las personas usemos los medicamentos para aumentar nuestro atractivo social, en medio de una sociedad altamente competitiva. Años después apareció otro libro, *Más Platón y menos Prozac*, de Lou Marinoff (2010), que coloca a las soluciones "mecánicas" de los medicamentos frente a las soluciones más profundas (desde su punto de vista) generadas por los grandes maestros de la filosofía.

Al margen del mérito intelectual y comercial de *Nación Prozac*, *Escuchando al Prozac* y *Más Platón y menos Prozac*, la aparición de estas obras señala la relevancia cultural que adquirió la fluoxetina de los laboratorios Eli Lilly. En 1992 alcanzó ventas de mil millones de dólares anuales en Estados Unidos, y en 1995 las ventas aumentaron a dos mil millones de dólares anuales en el mismo país. En 1999 la revista *Fortune* nombró al medicamento como uno de los productos del siglo XX, y se estima que en el año 2000 más de 38 millones de personas habían usado el medicamento.[119] Muy pronto aparecieron otros medicamentos con mecanismos de acción y márgenes de seguridad y eficacia similares: sertralina, citalopram, paroxetina y otros.

Algo sobre la neurociencia
de los medicamentos antidepresivos

En 1975 las ventas anuales de medicamentos antidepresivos eran aproximadamente de 200 millones de dólares en Estados Unidos (el mayor
mercado mundial para las compañías farmacéuticas). En 1998 Prozac
alcanzó ventas anuales de 2 mil 800 millones de dólares.[119] Al margen
de la inflación, esto representa una expansión enorme del mercado.
En parte, esto se debió a un mayor reconocimiento de la depresión
mayor como un problema que podría ser tratado de manera efectiva
y con pocos riesgos.

La mercadotecnia de los inhibidores selectivos de la recaptación
de serotonina logró vender la percepción (bastante legítima) de que
eran medicamentos seguros, con pocos efectos adversos. Sin embargo, esto desencadenó una ampliación de su uso más allá de los confines del trastorno depresivo mayor. Por una parte, la investigación
clínica demostró la eficacia de los ISRS en condiciones psiquiátricas
graves, como el trastorno obsesivo compulsivo,[119] pero estos medicamentos, debido a su perfil aceptable en términos de efectos adversos,
empezaron a usarse de manera indiscriminada en pacientes con formas muy leves de depresión, por debajo del umbral en el cual se había
demostrado la eficacia del fármaco: malestares cotidianos, pacientes
con adicciones, personas con una gran diversidad de problemas de
personalidad: los medicamentos antidepresivos han sido empleados
en un sinfín de pacientes que no cumplen las indicaciones estrictas

183

en las cuales se ha demostrado eficacia. Por lo demás, en el ambiente científico y en diversos sectores culturales antipsiquiátricos, formados en escuelas psicoanalíticas o al amparo de pensadores críticos como Michel Foucault o Iván Illich, surgieron serios cuestionamientos a la eficacia y la seguridad de los medicamentos antidepresivos. Aparecieron serias críticas a los sesgos de publicación de los estudios farmacológicos, según lo cual los estudios con resultados positivos tienen más probabilidad de publicarse que los de resultados negativos.[120] Todo esto, así como la falta de evidencia directa para dar validez científica a la hipótesis de la serotonina, llevó a cuestionar la utilidad de los medicamentos antidepresivos, dentro y fuera del ambiente científico. Esto amerita un análisis: si los medicamentos no fueran útiles, los costos y los riesgos no justificarían su prescripción. Sin embargo, si los medicamentos fueran útiles, rechazarlos significaría dejar sin una oportunidad valiosa a los millones de individuos que padecen depresión mayor.

En 2018 un grupo de investigadores británicos dirigidos por Andrea Cipriani publicó un inmenso análisis estadístico de todas las evidencias científicas disponibles, incluyendo estudios publicados y estudios no publicados, y prestando especial atención a los posibles sesgos: por ejemplo, el financiamiento aportado por la industria farmacéutica. Al final se incluyeron 522 estudios farmacológicos con un total de 116 mil 477 personas que habían recibido medicamentos antidepresivos o placebo.[121] Tras un análisis exhaustivo de toda la información, se concluyó que todos los medicamentos eran más efectivos que el placebo. El más efectivo fue la amitriptilina, uno de los primeros medicamentos que estuvieron disponibles en el mercado. Los pacientes tratados con este medicamento tenían el doble de probabilidad de alcanzar una respuesta terapéutica en comparación con el placebo. Técnicamente, se puede decir que la razón de momios fue de 2.13. Esto significa que por cada paciente que mejoró con placebo, 2.12 pacientes mejoraron con amitriptilina. Los inhibidores selectivos de la recaptación de serotonina (ISRS), como el Prozac, fueron claramente superiores al placebo. Entre los medicamentos más efectivos se encontraron la mirtazapina, la duloxetina y la venlafaxina, que tienen la característica de interactuar con el sistema de serotonina, pero también con el sistema de noradrenalina, por lo cual, desde el punto de vista de la mercadotecnia, se les agrupa como "antidepresivos duales". Esto sugiere que la acción sobre el sistema de serotonina es un mecanismo válido para tratar la depresión, pero que no es el único mecanismo relevante. El estudio de Cipriani tiene limitaciones importantes: por ejemplo, se enfocó en la respuesta durante la etapa aguda de la depresión, pero no estudió la etapa crónica. A pesar de esta y otras limitaciones, ha ayudado a recuperar la confianza en estos medicamentos dentro del ambiente clínico.

En las últimas décadas, a medida que la hipótesis de la serotonina perdía fuerza en el ambiente científico, un amplio conjunto de investigaciones demostró que los medicamentos antidepresivos tenían un espectro de mecanismos biológicos mayor al que se había sospechado previamente. Por una parte, ahora sabemos que el uso de antidepresivos puede modular de forma terapéutica la respuesta inflamatoria que se observa en la depresión; por ejemplo, en la depresión hay una elevación de una molécula que participa en la inflamación, conocida como factor de necrosis tumoral alfa. Se trata de un mediador de los estados inflamatorios, que se eleva cuando nuestro organismo padece cáncer o una infección; en menor medida, los pacientes con depresión mayor tienen una elevación de ese factor.[122] En los pacientes que reciben de manera exitosa medicamentos antidepresivos, es decir, cuando se alcanza la respuesta terapéutica, los niveles del factor de necrosis tumoral–alfa regresan a la normalidad.[122] Esto significa que los medicamentos pueden ayudar a controlar el estado inflamatorio que acompaña a la depresión, y que se asocia a su vez con formas graves de estrés en etapas tempranas de la vida.[24,71]

Los tratamientos actuales son capaces de interactuar con los mecanismos de la plasticidad cerebral, provocando un incremento de la reproducción neuronal, en estructuras cerebrales como el hipocampo.[123] Esto se debe en parte a que los medicamentos antidepresivos son capaces de aumentar las concentraciones del factor neurotrófico derivado del cerebro, y de incrementar incluso el volumen de las estructuras cerebrales cuando se alcanza la remisión, es decir, la desaparición de los síntomas.[124,125] Un estudio que analizó el volumen cerebral mediante imágenes de resonancia magnética mostró que los pacientes que no alcanzaban la remisión, es decir, la mejoría completa, tenían una pérdida de volumen en estructuras de enorme relevancia para la función mental, como la corteza del lóbulo frontal. En los pacientes que alcanzaban la remisión mediante el tratamiento antidepresivo, se observó un incremento de volumen cerebral en la misma región, es decir, la corteza prefrontal, que es indispensable para el desarrollo de las habilidades intelectuales conocidas como funciones ejecutivas: me refiero a la capacidad para resolver problemas mediante la anticipación y la planeación de estrategias.[124] Estas funciones son críticas en una sociedad altamente competitiva como la nuestra.

Al final de esta historia científica quizá es útil hacer un comentario acerca del estado actual de las cosas en el ambiente clínico. La mayor parte de los profesionales de la salud mental, que provienen de los campos de la psicología, la medicina y la enfermería, está de acuerdo en que los pacientes con depresión leve requieren ante todo un apoyo mediante psicoterapia, para ayudarles a trabajar las experiencias adversas, dolorosas, y a mejorar sus estrategias, sus condiciones de vida, sus relaciones interpersonales. Esto requiere con frecuencia cambios en los hábitos de la vida diaria, a través de la actividad física, las actividades artísticas y culturales, los cambios nutricionales y el cuidado de la salud física en general. Algunos psiquiatras y médicos generales usan medicamentos en esta situación, pero en la depresión leve hay un riesgo de someter a los pacientes a costos y efectos adversos sin que se tenga una garantía de eficacia. En el caso de la depresión moderada y grave, la mayor parte de los clínicos estaría de acuerdo en usar todo lo anterior, es decir, el abordaje psicoterapéutico y sus consecuencias en la vida diaria, pero también en la necesidad de medicamentos antidepresivos. Las evidencias científicas actuales apoyan esta decisión porque hay una eficacia bien demostrada. Aunque algunos críticos de la psiquiatría, dentro y fuera del ambiente profesional de la salud mental, cuestionan con gran énfasis el uso de medicamentos en cualquier circunstancia, se debe tener un gran cuidado de no subestimar las consecuencias y el dolor de la depresión cuando es moderada o grave. El dolor emocional y físico es real, así como las repercusiones sobre la vida del paciente en su totalidad: la depresión afecta la capacidad para estudiar y trabajar, desgasta las relaciones interpersonales, ocasiona un profundo sufrimiento que aísla al individuo y empeora la salud física. A nivel corporal, se generan cambios que hacen cada vez más difícil la mejoría espontánea. Y en algunos casos sobrevienen impulsos y conductas suicidas que pueden terminar en un escenario trágico. Todos estos problemas son reales y no deben subestimarse. El uso de los medicamentos significa una oportunidad muy valiosa para la mayoría de los pacientes con depresión moderada y grave. Algunos clínicos usan la analogía siguiente: el medicamento es una herramienta tecnológica, como un vehículo que le da al paciente la oportunidad de generar cambios en su vida mediante el mejoramiento de la salud. Pero el vehículo requiere un conductor consciente y capaz de tomar decisiones acerca de cómo transformar su vida. La psicoterapia y el diálogo colectivo, en un sentido más amplio, son indispensables para generar esa conciencia transformadora.

Doce lecciones sobre la ciencia
de la depresión mayor

En los capítulos anteriores traté de sintetizar muchos estudios que nos han dado algunas ideas bastante consistentes acerca del origen de la depresión. En síntesis:

1) Se discute mucho si la depresión mayor se debe a problemas biológicos o sociales; si sus orígenes son genéticos o ambientales. Como hemos visto, todo lo anterior tiene algo de cierto. Hay factores genéticos, ambientales, biológicos y sociales. Pero a diferencia de lo que sucede con otros trastornos mentales como la esquizofrenia, el autismo o el trastorno bipolar, se estima que la heredabilidad de la depresión mayor no es muy alta y se ubica alrededor de 37 por ciento.[126]

2) Ya que la heredabilidad de la depresión mayor no es alta, los investigadores en el campo de la salud mental y en las ciencias médicas buscan los factores ambientales involucrados. Un enfoque muy útil para estudiarlos consiste en ubicar dos tipos de problema: los que representan una amenaza para la integridad física, psicológica y social del individuo (como la violencia en la comunidad o dentro del hogar), y los que significan una privación de necesidades básicas (como el abandono o la negligencia). En el caso de la pobreza, al

189

parecer, es un escenario en el que pueden generarse a la vez fenómenos de amenaza y de privación.[23]

3) La privación social prolongada, especialmente en los primeros años de vida, tiene consecuencias sobre la formación del sistema nervioso, ya que hay mecanismos de plasticidad cerebral que son dependientes de la estimulación externa y, en particular, de la recepción de estímulos sociales. Esto se ha comprobado en estudios con modelos animales y con seres humanos.[33]

4) La psicología popular conoce desde tiempos precientíficos la relación entre las pérdidas de seres queridos y el desarrollo de estados de tristeza que pueden ser muy profundos, conocidos en general como estados de "duelo". Por suerte, estos estados son transitorios, y en general no son trastornos: son variaciones de la experiencia humana. Pero la investigación epidemiológica ha confirmado una idea intuitiva que requiere décadas de observación: cuando las pérdidas de seres queridos ocurren en edades tempranas, hay un riesgo mayor de padecer depresión décadas después. Hay evidencias muy fuertes en este caso en relación con la muerte de la madre, pero también respecto a la muerte del padre y la separación de los padres.

5) Los neurobiólogos han investigado las consecuencias fisiológicas del estrés de separación. En ratas, por ejemplo, cuando estas formas de estrés suceden en la infancia, durante la adolescencia pueden ocurrir conductas semejantes a la depresión. Por ejemplo, comportamientos de inmovilidad durante pruebas de nado forzado, que se asocian con un aumento de la actividad en una estructura cerebral conocida como amígdala del lóbulo temporal. Es posible desactivar temporalmente el funcionamiento de esta estructura mediante un fármaco, con lo cual desaparecen de manera transitoria los comportamientos semejantes a la depresión.[47]

6) La pobreza es un factor de riesgo para muchos trastornos de salud física y mental, ya que tiene ramificaciones en todos

los niveles. Por ejemplo, las personas en situación de pobreza están en riesgo de desarrollar trastornos cognoscitivos y emocionales, y de tener un menor volumen en algunas estructuras cerebrales como la corteza prefrontal,[49] la cual se especializa en procesos mentales como la anticipación de escenarios futuros durante la solución de problemas.

7) Los estudios neurocientíficos también confirman que circunstancias crónicas de vida, en la cuales predomina el fenómeno de las amenazas a la integridad (como en el caso de la violencia social), tienen efectos cerebrales bien definidos: en ratas jóvenes puede ocurrir una reducción de la plasticidad cerebral.[52] Y en el caso de los seres humanos, puede suceder una reducción en el tamaño del hipocampo que no se observa en la niñez sino en la edad adulta, como si hubiera un efecto retardado o acumulativo.[54] La violencia de pareja, por lo demás, aumenta significativamente el riesgo de presentar ideas o conductas suicidas,[65] y a nivel fisiológico aumenta la actividad en estructuras cerebrales como la amígdala del lóbulo temporal y la corteza dorsal del cíngulo, que se asocian con estados emocionales de ira y miedo.[66]

8) En el caso del abuso sexual aumenta el riesgo de sufrir depresión y ansiedad, y también hay algunas evidencias preliminares de que puede afectar la estructura y la función de algunas estructuras cerebrales, en especial cuando sucede en etapas críticas del desarrollo durante la infancia.

9) En el caso del maltrato infantil, hay grandes estudios epidemiológicos que muestran que en el largo plazo se asocia con el desarrollo de problemas psiquiátricos como la depresión mayor, la ansiedad, las lesiones autoinfligidas, la dependencia de drogas, y con problemas de salud física como la inflamación y las alteraciones metabólicas.[24] A nivel cerebral, se ha observado que los niños maltratados pueden tener una reducción en el volumen de centros cerebrales como la amígdala y el hipocampo.[76]

10) La investigación epidemiológica muestra que hay algunos individuos que son más vulnerables frente al estrés, mientras que otras personas se comportan como si fueran resistentes a la adversidad. Los estudios de epidemiología han mostrado que las personas que tienen más riesgo genético de depresión necesitan, por así decirlo, una dosis menor de estrés para sufrir nuevos episodios depresivos.[82] Esto nos obliga a considerar los factores que pueden condicionar una mayor vulnerabilidad biológica frente a las pérdidas y amenazas. En última instancia, esto nos conduce hacia el desciframiento de eso que ha sido llamado "el cerebro emocional".[127]

11) A lo largo de esta visita por el extenso territorio de la depresión mayor en el mundo contemporáneo, hemos tenido la ocasión de contemplar un extenso paisaje científico: las neurociencias contemporáneas nos han mostrado la manera en que los factores genéticos y ambientales interactúan para generar estados depresivos que pueden conducir al suicidio. Hemos visto que en la mayoría de los casos la depresión no mejora de forma espontánea, y se convierte en un problema crónico y recurrente, con deficiencias de la neuroplasticidad. Esto significa que los mecanismos cerebrales necesarios para generar nuevas neuronas y nuevas conexiones entre neuronas se ven gravemente afectados. El aumento en la actividad de estructuras encargadas de procesar reacciones aversivas frente a estímulos nocivos, como la amígdala y la ínsula,[99,100] producen cambios significativos en el eje hormonal del estrés,[101] lo cual también se asocia con una reducción de la plasticidad cerebral. Por ejemplo, hay deficiencias en una proteína conocida como factor neurotrófico derivado del cerebro. Las concentraciones de esta proteína son deficientes en presencia de estrés agudo y crónico.[102] Esto afecta sobre todo a la estructura más importante para la memoria y el aprendizaje: el hipocampo. Cuando se estudia esta estructura en pacientes que no han recibido tratamiento, se observa que a medida que pasan los días sin tratamiento hay mayores

pérdidas de volumen cerebral.[103] En la mayoría de los casos la depresión es un problema crónico, recurrente, con deficiencia en la plasticidad cerebral. Afortunadamente hemos visto la emergencia de tratamientos psicológicos y farmacológicos que alcanzan niveles de eficacia nunca vistos en la historia del padecimiento, aunque están lejos de ser una panacea, y no hay "productos milagro" en el tratamiento de la depresión. Hay muchos pacientes que no obtienen una buena respuesta y permanecen clasificados como casos "resistentes al tratamiento". Seguramente tenemos que seguir aprendiendo acerca de los mecanismos de plasticidad cerebral para llevar algún alivio a los pacientes con peor pronóstico. Sabemos que los tratamientos actuales son capaces de aumentar las concentraciones del factor neurotrófico derivado del cerebro, y de incrementar incluso el volumen de las estructuras cerebrales cuando se alcanza la remisión, es decir, la desaparición de los síntomas.[124,125] También sabemos que ciertos tratamientos psicológicos son capaces inducir cambios notables en la actividad cerebral. La psicoterapia es una disciplina en constante evolución, que tiene la oportunidad buscar un amplio consenso para superar las pugnas entre escuelas de pensamiento, para alcanzar un consenso científico acerca de los principios generales que producen el cambio terapéutico más duradero en la mente humana.[108] Quizá si entendemos mejor las claves de estas transformaciones psicológicas y cerebrales inducidas por el tratamiento seremos capaces de generar nuevas rutas para el descubrimiento científico.

12) Pero también tendremos que incidir por todos los medios en la dimensión social de los problemas que promueven la depresión. De alguna manera, esta condición de salud es un termómetro o indicador de la salud de las sociedades y nuestra cultura: el maltrato infantil, el abuso sexual, la discriminación de género, el estigma de las minorías, la violencia en las comunidades, la pobreza y sus determinantes, la desterritorialización provocada por la violencia y la explotación

ambiental: todos esos vectores de interés colectivo quedan al descubierto cuando analizamos desde la perspectiva científica el problema de la depresión mayor. Y en esa dirección podemos avanzar mediante las neurociencias sociales: mediante el paso de la teoría a la práctica.

Referencias

1   WHO. Depression. World Health Organization. https://www.who.int/news-room/fact-sheets/detail/depression, 2018. Consultado el 6 de julio de 2019.
2   Kapsambelis V. *Términos psiquiátricos de origen griego*. Ciudad de Mexico: Palabras y Plumas Editores, 2016.
3   Domínguez García V. J. Sobre la "melancolía" en Hipócrates. *Psicothema*, 3(3): 259-267, 1991.
4   Hipócrates. *Tratados*. Barcelona: Gredos, 1982.
5   Telles-Correia D. Melancholia before the twentieth century: fear and sorrow or partial insanity? *Front Psychol*, 3(6): 1-4, 2015.
6   Burton R. *Anatomía de la melancolía*. Madrid: Alianza Editorial, 2015.
7   Berrios G. E. Melancholia and depression during the 19th century: A conceptual history. *Br J Psychiatry*, 153: 298-304, 1988.
8   Pinel P. *Treatise on Mental Alienation (1809)*. Londres: Wiley-Blackwell, 2008.
9   Berrios G. E. *La historia de los síntomas de los trastornos mentales. La psicopatología descriptiva desde el siglo XIX*. México: Fondo de Cultura Económica, 2008.
10 Kraepelin E. *La locura maniaco-depresiva*. Madrid: La biblioteca de los Alienistas del Pisuerga, Ergon, 2013.
11 Freud S. *Duelo y melancolía*. En: *Obras*. Buenos Aires: Amorrortu, 1976.
12 Braunstein N. *Clasificar en psiquiatría*. Buenos Aires: Siglo XXI, 2013.

13 Foucault M. *Enfermedad mental y personalidad*. Barcelona: Paidós, 1984.

14 American Psychiatric Association. *DSM 5*, 2013.

15 WHO. *The ICD-10 Classification of Mental and Behavioural Disorders*. Vol. 10, 1993. http://www.who.int/classifications/icd/en/bluebook.pdf.

16 Ruy P. T. *El concepto de la enfermedad: su evolución a través de la historia*. México: Fondo de Cultura Económica, 1988.

17 Ramírez Bermúdez J. Alzheimer's Disease: Critical Notes on the History of a Medical Concept. *Arch Med Res*, 2012.

18 Prince M., Patel V., Saxena S. *et al*. No health without mental health. *Lancet*, 370(9590): 859-877, 2007.

19 World Bank. https://data.worldbank.org/indicator/SH.STA.SUIC.P5. Consultado el 28 de enero de 2018.

20 Nock M. K., Hwang I., Sampson N. *et al*. Cross-national analysis of the associations among mental disorders and suicidal behavior: Findings from the WHO World Mental Health Surveys. *PLoS Med*, 6(8), 2009.

21 Goodwin F. K. y Redfield Jameson, K. *Manic-Depressive Illness*. Nueva York: Oxford University Press, 1990.

22 Sullivan P. F., Daly M. J., O'Donovan M. Genetic architectures of psychiatric disorders: The emerging picture and its implications. *Nat Rev Genet*, 13(8): 537-551, 2012.

23 Sheridan M. A. Dimensions of early experience and neural development: deprivation and threat. *Trends Cogn Sci*, 18(11): 580-585, 2014.

24 Danese A., Moffitt T. E., Harrington H. L. *et al*. Adverse childhood experiences and adult risk factors for age-related disease: Depression, inflammation, and clustering of metabolic risk markers. *Arch Pediatr Adolesc Med*, 163(12): 1135-1143, 2009.

25 O'Kusky J. R. Synapse elimination in the developing visual cortex: a morphometric analysis in normal and dark-reared cats. *Dev Brain Res*, 22(1): 81-91, 1985.

26 Bennett E. L., Rosenzweig M. R., Diamond M. C., Morimoto H., Hebert M. Effects of successive environments on brain measures. *Physiol Behav*, 12(4): 621-631, 1974.

27 Diamond M. C., Law F., Rhodes H. *et al*. Increases in cortical depth and glia numbers in rats subjected to enriched environment. *J Comp Neurol*, 128(1): 117-125, 1966.

[28] Diamond M. C., Rosenzweig M. R., Bennett E. L., Lindner B., Lyon L. Effects of environmental enrichment and impoverishment on rat cerebral cortex. *J Neurobiol*, 3(1): 47-64, 1972.

[29] Globus A., Rosenzweig M. R., Bennett E. L., Diamond M. C.. Effects of differential experience on dendritic spine counts in rat cerebral cortex. *J Comp Physiol Psychol*, 82(2): 175-181, 1973.

[30] Smyke A. T., Koga S. F., Johnson D. E. *et al.* The caregiving context in institution-reared and family-reared infants and toddlers in Romania. *J Child Psychol Psychiatry*, 48(2): 210-218, 2007.

[31] Bos K. J. Effects of early psychosocial deprivation on the development of memory and executive function. *Front Behav Neurosci*, 3, 2009.

[32] McLaughlin K. A., Sheridan M. A., Winter W., Fox N. A., Zeanah C. H., Nelson C. A. Widespread reductions in cortical thickness following severe early-life deprivation: A neurodevelopmental pathway to attention-deficit/hyperactivity disorder. *Biol Psychiatry*, 76(8): 629-638, 2014.

[33] Sheridan M. A., Fox N. A., Zeanah C. H., McLaughlin K. A., Nelson C. A. Variation in neural development as a result of exposure to institutionalization early in childhood. *Proc Natl Acad Sci*, 109(32): 12927-12932, 2012.

[34] Chugani H. T., Behen M. E., Muzik O., Juhász C., Nagy F., Chugani D. C. Local brain functional activity following early deprivation: A study of postinstitutionalized Romanian orphans. *Neuroimage*, 14(6): 1290-1301, 2001.

[35] Cerel J., Fristad M. A., Verducci J., Weller R. A., Weller E. B. Childhood bereavement: Psychopathology in the 2 years postparental death. *J Am Acad Child Adolesc Psychiatry*, 45(6): 681-690, 2006.

[36] Berg L., Rostila M., Hjern A. Parental death during childhood and depression in young adults (a national cohort study). *J Child Psychol Psychiatry Allied Discip*, 57(9): 1092-1098, 2016.

[37] Rostila M., Berg L., Arat A., Vinnerljung B., Hjern A. Parental death in childhood and self-inflicted injuries in young adults-a national cohort study from Sweden. *Eur Child Adolesc Psychiatry*, 25(10): 1103-1111, 2016.

[38] Anderson E. L., Caleyachetty R., Stafford M. *et al.* Prospective associations of psychosocial adversity in childhood with risk factors for cardio-

vascular disease in adulthood: The MRC National Survey of Health and Development. *Int J Equity Health*, 16(1), 2017.

[39] Furukawa T. A., Ogura A., Hirai T., Fujihara S., Kitamura T., Takahashi K. Early parental separation experiences among patients with bipolar disorder and major depression: A case-control study. *J Affect Disord*, 52(1-3): 85-91, 1999.

[40] Kunugi H., Sugawara N., Aoki H., Nanko S., Hirose T., Kazamatsuri H. Early parental loss and depressive disorder in Japan. *Eur Arch Psychiatry Clin Neurosci*, 245(2): 109-113, 1995.

[41] Jacobs J. R., Bovasso G. B. Re-examining the long-term effects of experiencing parental death in childhood on adult psychopathology. *J Nerv Ment Dis*, 197(1): 24-27, 2009.

[42] Tyrka A. R., Parade S. H., Price L. H. *et al.* Alterations of Mitochondrial DNA Copy Number and Telomere Length with Early Adversity and Psychopathology. *Biol Psychiatry*, 79(2): 78-86, 2016.

[43] Dahl S. K., Larsen J. T., Petersen L. *et al.* Early adversity and risk for moderate to severe unipolar depressive disorder in adolescence and adulthood: A register-based study of 978,647 individuals. *J Affect Disord*, 214: 122-129, 2017.

[44] Kendler K. S., Sheth K., Gardner C. O., Prescott C. A. Childhood parental loss and risk for first-onset of major depression and alcohol dependence: the time-decay of risk and sex differences. *Psychol Med*, 32(7): 1187-1194, 2002.

[45] Panksepp J., Burgdorf J. 50-kHz chirping (laughter?) in response to conditioned and unconditioned tickle-induced reward in rats: Effects of social housing and genetic variables. *Behav Brain Res*, 115(1): 25-38, 2000.

[46] Panksepp J., Yovell Y. Preclinical modeling of primal emotional affects (seeking, panic and play): Gateways to the development of new treatments for depression. *Psychopathology*, 47(6): 383-393, 2014.

[47] Raineki C., Cortes M. R., Belnoue L., Sullivan R. M. Effects of Early-Life Abuse Differ across Development: Infant Social Behavior Deficits Are Followed by Adolescent Depressive-Like Behaviors Mediated by the Amygdala. *J Neurosci.* 32(22): 7758-7765, 2012.

[48] Wamala S. P., Lynch J., Kaplan G. A. Women's exposure to early and later life socioeconomic disadvantage and coronary heart disease risk:

The Stockholm Female Coronary Risk Study. *Int J Epidemiol*, 30(2): 275-284, 2001.

[49] Holz N. E., Laucht M., Meyer-Lindenberg A. Recent advances in understanding the neurobiology of childhood socioeconomic disadvantage. *Curr Opin Psychiatry*, 28(5): 365-370, 2015.

[50] Damasio A. R. *The Feeling of What Happens*. Vol. 401, 1999.

[51] World Bank. *Global Monitoring Report 2015-2016: Development Goals in an Era of Demographic Change*. Washington, D. C.: World Bank, 2015.

[52] Ivy A. S., Rex C. S., Chen Y. *et al.* Hippocampal Dysfunction and Cognitive Impairments Provoked by Chronic Early-Life Stress Involve Excessive Activation of CRH Receptors. *J Neurosci*, 30(39): 13005-13015, 2010.

[53] Sevelinges Y., Mouly A. M., Raineki C., Moriceau S., Forest C., Sullivan R. M. Adult depression-like behavior, amygdala and olfactory cortex functions are restored by odor previously paired with shock during infant's sensitive period attachment learning. *Dev Cogn Neurosci*, 1(1): 77-87, 2011.

[54] Carrión V. G., Haas B. W., Garrett A., Song S., Reiss A. L. Reduced hippocampal activity in youth with posttraumatic stress symptoms: An fMRI study. *J Pediatr Psychol*, 35(5): 559-569, 2010.

[55] McCrory E. J., De Brito S. A., Sebastian C. L. *et al.* Heightened neural reactivity to threat in child victims of family violence. *Curr Biol*, 21(23): R947-R948, 2011.

[56] McCrory E. J., De Brito S. A., Kelly P. A. *et al.* Amygdala activation in maltreated children during pre-attentive emotional processing. *Br J Psychiatry*, 202(4): 269-276, 2013.

[57] Nagasako E. M., Oaklander A. L., Dworkin R. H. Congenital insensitivity to pain: an update. *Pain*, 101(3): 213-219, 2003.

[58] Schreuder P. A. M., Noto S., Richardus J. H. Epidemiologic trends of leprosy for the 21st century. *Clin Dermatol*, 2016.

[59] Zunt J. R. *Adams and Victor'S Principles of Neurology*. Vol. 74, octava edición, Nueva York: McGraw-Hill, 2010.

[60] Berthier M., Starkstein S., Leiguarda R. Asymbolia for pain: A sensory-limbic disconnection syndrome. *Ann Neurol*, 24(1): 41-49, 1988.

[61] Bohn D. K., Holz K. A. Sequelae of abuse. Health effects of childhood sexual abuse, domestic battering, and rape. *J Nurse Midwifery*, 41(6): 442-456, 1996.

[62] Mesulam M-M. Behavioral neuroanatomy: Largescale networks, association cortex, frontal syndromes, the limbic system, and hemispheric specialization. En *Principles of Behavioral and Cognitive Neurology*. Nueva York: Oxford University Press, 2000.

[63] Boelen P. A., Reijntjes A., J. Djelantik A. A. M., Smid G. E. Prolonged grief and depression after unnatural loss: Latent class analyses and cognitive correlates. *Psychiatry Res*, 240: 358-363, 2016.

[64] Debiec J., Olsson A. Social Fear Learning: from Animal Models to Human Function. *Trends Cogn Sci*, 21(7): 546-555, 2017.

[65] WHO. *The World Health Report 2001. Mental Health: New Understanding, New Hope*. Francia, 2001.

[66] Fonzo G. A., Simmons A. N., Thorp S. R., Norman S. B., Paulus M. P., Stein M. B. Exaggerated and disconnected insular-amygdalar blood oxygenation level-dependent response to threat-related emotional faces in women with intimate-partner violence posttraumatic stress disorder. *Biol Psychiatry*, 68(5): 433-441, 2010.

[67] Lindert J., Von Ehrenstein O. S., Grashow R., Gal G., Braehler E., Weisskopf M. G. Sexual and physical abuse in childhood is associated with depression and anxiety over the life course: Systematic review and meta-analysis. *Int J Public Health*, 59(2): 359-372, 2014.

[68] Tomoda A., Navalta C. P., Polcari A., Sadato N., Teicher M. H. Childhood sexual abuse is associated with reduced gray matter volume in visual cortex of young women. *Biol Psychiatry*, 66(7): 642-648, 2009.

[69] Andersen S. L., Tomada A., Vincow E. S., Valente E., Polcari A., Teicher M. H. Preliminary Evidence for Sensitive Periods in the Effect of Childhood Sexual Abuse on Regional Brain Development. *J Neuropsychiatry Clin Neurosci*, 20(3): 292-301, 2014.

[70] Danese A., Moffitt T. E., Harrington H. L. *et al*. Adverse childhood experiences and adult risk factors for age-related disease: Depression, inflammation, and clustering of metabolic risk markers. *Arch Pediatr Adolesc Med*, 2009.

[71] Danese A., Moffitt T. E., Pariante C. M., Ambler A., Poulton R., Caspi A. Elevated inflammation levels in depressed adults with a history of childhood maltreatment. *Arch Gen Psychiatry*, 65(4): 409-416, 2008.

[72] Baldwin J. R., Arseneault L., Caspi A. *et al.* Childhood victimization and inflammation in young adulthood: A genetically sensitive cohort study. *Brain Behav Immun*, 67: 211-217, 2018.

[73] Newbury J. B., Arseneault L., Moffitt T. E. *et al.* Measuring childhood maltreatment to predict early-adult psychopathology: Comparison of prospective informant-reports and retrospective self-reports. *J Psychiatr Res*, 96: 57-64, 2018.

[74] Koob G. F., Volkow N. D. Neurobiology of addiction: a neurocircuitry analysis. *The Lancet Psychiatry*, 3(8): 760-773, 2016.

[75] Klimkiewicz A., Klimkiewicz J., Jakubczyk A., Kieres-Salomoński I., Wojnar M. Współwystępowanie uzależnienia od alkoholu z innymi zaburzeniami psychicznymi. Część I. Epidemiologia podwójnego rozpoznania. *Psychiatr Pol*, 49(2): 265-275.

[76] McLaughlin K. A., Sheridan M. A., Gold A. L. *et al.* Maltreatment Exposure, Brain Structure, and Fear Conditioning in Children and Adolescents. *Neuropsychopharmacology*, 41(8): 1956-1964, 2016.

[77] Ramírez Bermúdez J., Pérez Esparza R., Aguilar Venegas L. C., Sachdev P. Neuropsychiatry: Towards a Philosophy of Praxis. *Rev Colomb Psiquiatr*, 46: 28-35, 2017.

[78] O'Hara K. *Aldous Huxley. A Begginer's Guide.* Oxford: Oneworld Publications, 2012.

[79] Bode C. Aldous Huxley. En Lange B. (ed.). *Classics in Cultural Criticism.* Vol. I. Frankfurt: Peter Lang, 1990.

[80] Kendler K. S., Kessler R. C., Walters E. E. *et al.* Stressful life events, genetic liability, and onset of an episode of major depression in women. *Am J Psychiatry*, 152(6): 833-842, 1995.

[81] Página de la NASA.

[82] Caspi A., Sugden K., Moffitt T. E. *et al.* Influence of life stress on depression: Moderation by a polymorphism in the 5-HTT gene. *Science*, 80, 2003.

[83] Caspi A., Sugden K., Moffitt T. E. *et al.* Influence of life stress on depression: Moderation by a polymorphism in the 5-HTT gene. *Science*, 80, 2003.

84 Åsberg M., Bertilsson L., Mårtensson B., Scalia-Tomba G.-P., Thorén P., Träskman-Bendz L. CSF monoamine metabolites in melancholia. *Acta Psychiatr Scand*, 69(3): 201-219, 1984.

85 Yoon H. S., Hattori K., Ogawa S. *et al.* Relationships of cerebrospinal fluid monoamine metabolite levels with clinical variables in major depressive disorder. En *Journal of Clinical Psychiatry*, 2017.

86 Kessler R. C., McGonagle K. A., Swartz M., Blazer D. G., Nelson C. B. Sex and depression in the National Comorbidity Survey I: Lifetime prevalence, chronicity and recurrence. *J Affect Disord*, 29(2-3): 85-96, 1993.

87 Medina-Mora M. E., Borges G., Benjet C., Lara C., Berglund P. Psychiatric disorders in Mexico: Lifetime prevalence in a nationally representative sample. *Br J Psychiatry*, 2007.

88 Border R., Johnson E. C., Evans L. M. *et al.* No support for historical candidate gene or candidate gene-by-interaction hypotheses for major depression across multiple large samples. *Am J Psychiatry*, 176(5): 376-387, 2019.

89 López Gómez M., Ramírez Bermúdez J., Campillo C., Sosa A. L., Espínola M., Ruiz I. Primidone is associated with interictal depression in patients with epilepsy. *Epilepsy Behav*, 6(3), 2005.

90 Espínola Nadurille M., Colín Piana R., Ramírez Bermúdez J. *et al.* Mental disorders in multiple sclerosis. *The J Neuropsychiatry Clin Neurosci*, 2010.

91 Ramírez Bermúdez J., Higuera-Calleja J., Espínola Nadurille M., Corona T. Neuropsychiatric disorders in patients with neurocysticercosis. *Asia-Pacific Psychiatry*, 2017.

92 Muñoz Zúñiga J. F., Ramírez Bermúdez J., Flores Rivera J. de J., Corona T. Catatonia and Klüver-Bucy Syndrome in a Patient With Acute Disseminated Encephalomyelitis. *J Neuropsychiatry Clin Neurosci*, 2015.

93 López Meza E., Corona Vázquez T., Ruano Calderón L. A., Ramírez Bermúdez J. Severe impulsiveness as the primary manifestation of multiple sclerosis in a young female. *Psychiatry Clin Neurosci*, 59(6), 2005.

94 Ramírez Bermúdez J. *Un diccionario sin palabras*. México: Almadía, 2016.

95 Ramírez Bermúdez J. *Breve diccionario clínico del alma*. México: Debate, 2006.

[96] Ramírez Bermúdez J., Si lo propio del cuerpo es ajeno. *Rev la Univ Nac*, 2018.

[97] Conejero I, López Castroman J., Giner L., Baca García E., Sociodemographic Antecedent Validators of Suicidal Behavior: A Review of Recent Literature. *Curr Psychiatry Rep*, 2016.

[98] Hawton K., van Heeringen K. Suicide. *Lancet*, 373(9672): 1372-1381, 2009.

[99] Price J. L., Carmichael S. T., Drevets W. C. Networks related to the orbital and medial prefrontal cortex; a substrate for emotional behavior? *Prog Brain Reserch*, 107: 523-536, 1996.

[100] Drevets W., Videen T., Snyder A., MacLeod A., Raichle M. Regional cerebral blood flow changes during anticipatory anxiety. *Soc Neurosci Abstr*, 20: 368, 1994.

[101] Nemeroff C. B., Harris R. W. Psychopharmacology of affective disorders in the 21st century. *Biol Psychiatry*, 44(7): 517-525, 1998.

[102] Duric V., McCarson K. E. Hippocampal neurokinin-1 receptor and brain-derived neurotrophic factor gene expression is decreased in rat models of pain and stress. *Neuroscience*, 133(4): 999-1006, 2005.

[103] Sheline Y. I., Gado M. H., Kraemer H. C. Untreated depression and hippocampal volume loss. *Am J Psychiatry*, 160(8): 1516-1518, 2003.

[104] Tseng W. S., McDermott J. F. Psychotherapy: historical roots, universal elements, and cultural variations. *Am J Psychiatry*, 132(4): 378-384, 1975.

[105] Meissner K., Kohls N., Colloca L. Introduction to placebo effects in medicine: Mechanisms and clinical implications. *Philos Trans R Soc B Biol Sci*, 366(1572): 1783-1789, 2011.

[106] Ernst. E. E., Pittler, M. H. Efficacy of homeopathic arnica: A systematic review of placebo-controlled clinical trials. *Arch Surg*, 133(11): 1187-1190, 1998.

[107] Shapiro A. K. A Historic and Heuristic Definition of the Placebo. *Psychiatry*, 27: 52-58, 1964.

[108] Enck P. Placebo response in depression: is it rising? *The Lancet Psychiatry*, 3(11): 1005-1006, 2016.

[109] Pollo A., Benedetti F. The placebo response: neurobiological and clinical issues of neurological relevance. *Prog Brain Res*, 175: 283-294, 2009.

[110] Meissner K. Effects of placebo interventions on gastric motility and general autonomic activity. *J Psychosom Res*, 66(5): 391-398, 2009.

[111] Mayberg H. S., Silva J. A., Brannan S. K. *et al.* The functional neuroanatomy of the placebo effect. *Am J Psychiatry*, 159(5): 728-737, 2002.

[112] Parikh S. V., Quilty L. C., Ravitz P. *et al.* Canadian Network for Mood and Anxiety Treatments (Canmat) 2016 clinical guidelines for the management of adults with major depressive disorder: Section 2. Psychological treatments. *Can J Psychiatry*, 61(9): 524-539, 2016.

[113] Crail Meléndez D., Herrera Melo A., Martínez Juárez I. E., Ramírez Bermúdez J. Cognitive-behavioral therapy for depression in patients with temporal lobe epilepsy: A pilot study. *Epilepsy Behav*, 23(1), 2012.

[114] Rosenbluth M. *et al.* The Canadian Network for Mood and Anxiety Treatments (CANMAT) task force recommendations for the management of patients with mood disorders and comorbid personality disorders. *Ann Clin Psychiatry*, 24(1): 56-68, 2012.

[115] Cuijpers P., Sijbrandij M., Koole S. L., Andersson G., Beekman A. T., Reynolds C. F. Adding psychotherapy to antidepressant medication in depression and anxiety disorders: A meta-analysis. *World Psychiatry*, 13(1): 56-67, 2014.

[116] Martin S. D., Martin E., Rai S. S., Richardson M. A., Royall R. Brain blood flow changes in depressed patients treated with interpersonal psychotherapy or venlafaxine hydrochloride: Preliminary findings. *Arch Gen Psychiatry*, 58(7): 641-648, 2001.

[117] Franklin G., Carson A. J., Welch K. A. Cognitive behavioural therapy for depression: Systematic review of imaging studies. *Acta Neuropsychiatr*, 28(2): 61-74, 2016.

[118] López Muñoz F, Alamo C. Monoaminergic neurotransmission: the history of the discovery of antidepressants from 1950s until today. *Curr Pharm Des*, 15(14): 1563-1586, 2009.

[119] Wong D. T., Perry K. W., Bymaster F. P. Case history: The discovery of fluoxetine hydrochloride (Prozac). *Nat Rev Drug Discov*, 4(9): 764-774, 2005.

[120] Every-Palmer S., Howick J. How evidence-based medicine is failing due to biased trials and selective publication. *J Eval Clin Pract*, 20(6): 908-914, 2014.

[121] Cipriani A., Furukawa T. A., Salanti G. *et al.* Comparative efficacy and acceptability of 21 antidepressant drugs for the acute treatment of adults with major depressive disorder: a systematic review and network meta-analysis. *Lancet*, 2018.

[122] Lanquillon S., Krieg J. C., Bening-Abu-Shach U., Vedder H. Cytokine production and treatment response in major depressive disorder. *Neuropsychopharmacology*, 22(4): 370-379, 2000.

[123] Levy M. J. F., Boulle F., Steinbusch H. W., van den Hove D. L. A., Kenis G., Lanfumey L. Neurotrophic factors and neuroplasticity pathways in the pathophysiology and treatment of depression. *Psychopharmacology (Berl)*. 235(8): 2195-2220, 2018.

[124] Frodl T. S., Koutsoulcris N., Bottlender R. *et al.* Depression-related variation in brain morphology over 3 years: Effects of stress? *Arch Gen Psychiatry*, 65(10): 1156-1165, 2008.

[125] Shimizu E., Hashimoto K., Okamura N. *et al.* Alterations of serum levels of brain-derived neurotrophic factor (BDNF) in depressed patients with or without antidepressants. *Biol Psychiatry*, 54(1): 70-75, 2003.

[126] Flint J., Kendler K. S. The Genetics of Major Depression. *Neuron*, 2014.

[127] LeDoux J. *The Emotional Brain: The Mysterious Underpinnings of Emotional Life*. Nueva York: Simon & Schuster, 1996.

Depresión. La noche más oscura de Jesús Ramírez-Bermúdez
se terminó de imprimir en el mes de noviembre de 2020
en los talleres de
Diversidad Gráfica S.A. de C.V.
Privada de Av. 11 #1 Col. El Vergel, Iztapalapa,
C.P. 09880, Ciudad de México.